Keep Smiling

"英語を習うより、コミュニケーションを学べ"
"11 Attitudes for Improving Communication with Gaijin"

"ガイジン"は、カワイイ言葉です。

　この本では、外国人と言わずガイジンと書いています。ちょっと不快に感じる外国人の方もいらっしゃるかもしれません。でもそうしたのは、"ガイジン"の市民権を得ようと思ったからです。大げさかもしれませんが、短く縮めて言うのは日本語に限ったことではありません。短い言葉は、身近になるし、なによりカワイイ響きがある。外国人と言うのは堅苦しいし、なによりほとんどの日本人がガイジンと言っています。誰が教えたのかわかりませんが、外人だから外の人なんて今や思っている人はいません。もしそういう議論になるなら、僕は"殊の外素敵な人"、と訳します。ガイジンとコミュニケーションを避けて通れる時代ではなくなってしまったのですから、ガイジンが普通のことばになればいいな、そう思って使いました。ご理解くださると、ありがたいです。

目次

僕がガイジンキラーと呼ばれるようになったワケ

ガイジン相手の交渉に腹を立てて、3度辞表を書く ……………… 009

天国から地獄を味わった、英語会議デビュー ……………… 011

"みんな"は存在しない、名前のついた個人だけが存在する … 013

"ハーイ"から始まる、ガイジン・コミュニティー ……………… 014

常識の壁を破ったとき、新しい世界が始まった ……………… 015

典型的な日本人とガイジンの会話 ……………………………… 019

社長の[ガイジン力]が、僕の[ガイジン力]を引き出した ……… 020

[ことば]ではなく、[気持ち]を理解する ………………………… 021

いまのあなたのガイジン・コミュニケーション能力をチェック … 022

チェックリスト ……………………………………………………… 024

ガイジンとのコミュニケーションがうまくいく、4つのルール

Rule 1 モードを切り換えよう ……………………………… 027
阿吽の呼吸には頼るな

Rule 2 YES,NOをきっぱり言う ……………………………… 030
すべてはそこから始まる

Rule 3 キャッチボールを楽しもう ………………………… 034
意見を言わないのは、その場にいないのと同じだ

Rule 4 堂々としていよう …………………………………… 038
説得力は自信ある外見から生まれる

ガイジンの気持ちがわかるようになる、11の法則

❶ オープンの法則 ……………………… 048
かくし事をしない、相手によって態度を変えない

❷ ハッピーの法則 ……………………… 067
スマイルは波紋のようにスマイルを広げてくれる

❸ シンプルの法則 ……………………… 085
1番目に伝えたいことは何かを考える

❹ ポジティブの法則 …………………… 098
どーせ、からは何も生まれない

❺ リフレッシュの法則 ………………… 116
休むと考えず、気分をリニューアルと考えよう

❻ リウォードの法則 …………………… 130
サンキューは最高のごほうび

❼ イノベーションの法則 ……………… 146
変わることが、人生のたのしみ

❽ クリアの法則 ………………………… 159
曖昧をやめ明快を愛そう

❾ ビジョンの法則 ……………………… 173
ゴールが見えれば、道は見える

❿ チームの法則 ………………………… 188
1人でできることには限りがある

⓫ クリエイティブの法則 ……………… 202
違う視点から見れば景色は変わる

あとがき ………………………………… 219

装丁・本文デザイン　轟田昭彦／坪井朋子
イラストレーション　黒川洋行

僕が
ガイジンキラーと
呼ばれるように
なったワケ

僕ははっきり言って、コテコテの日本人です。生まれは青森県の八戸市、父が漁師の親方をやっていたので、小さい頃は荒くれの漁師に囲まれて育ちました。ま、ガイジンキラーからは一番遠いところにいた日本人といえるでしょう。

　その僕が、"ある日、ボスがガイジンになったら!?"などという本を書いているのはじぶんでもちょっと不思議な気分です。でも、そんな日本人だってガイジンと打々発止とコミュニケーションできる日本人になれたんですから、誰にでも可能性があるということですよね。しかも30年かかってやったことを30分で手に入れることができるんですから。ま、人間ってこんなにも変われるんだ、という見本だと思ってお話を聞いてください。

ガイジン相手の交渉に腹を立てて、3度辞表を書く

　それは長い道のりでした。なにしろ30年ですから。コピーライター見習いからはじまって副社長まで、仕事をしたガイジンは数百人にのぼるでしょう。アメリカ人、イギリス人、フランス人、オーストラリア人、スペイン人、ドイツ人、オランダ人、ギリシャ人、イタリア人、ブラジル人、カナダ人、ニュージーランド人、インド人、中国人、

タイ人、韓国人、ペルー人、南アフリカ人、などなど、いろんなガイジンとつきあいました。

　おっと忘れていましたが、40歳になるまではほとんど英語はNG。会社でガイジンからの電話を取ったら最後、沈黙or近くの誰かに受話器を押しつける、この2つのパターンしかありませんでした。別に羞恥心もなく、日本にきたら日本語を使え、くらいの気持ちでしたから。

　それでも外資系企業のクライアントの広告コピーをプレゼンする時は、ほんとうにイライラさせられました。当然、ガイジンには日本語がわからないのですから翻訳しなければなりません。例えば、"きもち愛して"というコピーがあったとします。日本人なら、"なんとなく"でわかってくれるでしょう。たしかにあいまいだけれど、おしつけがましさがない分、好きに受け止めることができます。

　ガイジンだとそうはいきません。主語は誰、言っている相手は誰、をはっきりさせないと意味をなさないようなのです。さらに、愛するのは人や物だから、きもちを愛するとはどういうことなのか、私があなたを愛しているきもちを愛して、ということなのか、それとも深く愛してか、やさしく愛してなのかを具体的にしないとわからないらしいのです。

　こういうことが何度も起こると、ガイジンはなんと情緒

のない、きもちのわからない人種なんだろうという思いが、回を重ねるごとに強くなっていきました。

　しかし、ガイジンのクライアントがわからないという理由で、書いたコピーを毎回直さなければならない、というのは正直言って辛いことでした。チームの誰かにあたっても解決するわけでもないし、かえって自己嫌悪に陥り、辞めてしまおうと3回思いました。それでも踏みとどまらせたのは、漁がなかったら帰れないという漁師のDNAだったのでしょうか。

天国から地獄を味わった、英語会議デビュー

　なんとかガイジンをぎゃふんといわせる方法はないものだろうか、と考えているとき、ロンドン出張がまいこんできました。上司のお供で、ロンドンにあるクライアント会議に出席するためです。ロンドン見物くらいに考えていたのですが、突然、上司から最近作ったCMについてプレゼンしなさい、と命じられました。いまなら、"Oh, my God!"ですが、当時は、"そんなの無理にきまってます" "できるわけがありません"と、固辞しましたがそこはサラリーマン、上司には逆らえません。とにかく、日本語でスクリプトを書き、翻訳してもらって読み上げるしかな

いだろう、とじぶんに言い聞かせて会議に臨みました。

　上司と私以外は見渡す限りガイジン、胸はバクバク、手には汗、視線はさまよい、それでも大きな声で始めれば落ち着くよ、という友人のアドバイスに従ってなんとか"読み上げ"は終了。フーとひと息ついていると、なんと嵐のような拍手（僕の記憶ではそういうことになっている）。思いもかけない反応に、からだがジーンとあつくなってきたのを覚えています。いわゆるひとつの感動。通じたんだ、おれの英語が。そう思うと目の前にいるガイジンがみんないい人に見えてきました。

　しかし感動もここまで。次の瞬間には、数人から手が上がり質問、また質問。当然、その当時の僕にはちんぷんかんぷん。質問者の表情を見ていると、ニコニコしているので好意的な質問なんだろうな、とは思うもののまったくわからない。上司は最初の質問については意味を教えてくれましたが、そのうち、面倒くさくなったのか知らんぷり。答えられもせず、ただ気まずい時間が過ぎていったのを今でもよく覚えています。

　最初は戸惑い、つぎに羞恥心、最後はこの中で英語がわからないのは俺だけかという怒りが湧いてきました。その後、会議がどう終わったかもよく覚えていません。

"みんな"は存在しない、
名前のついた個人だけが存在する

　傷心、落胆でホテルに戻りましたが、待っていたのはガイジンの好きなチームディナー。お酒が入れば、初めての人でも打ち解けるのはどの国でも同じですが、そのときは時差ぼけプラス傷心でとてもディナーという気分ではなかったのですが、レストランに入ったとたんに、数人が駆けよってきて、僕の肩をたたいて、英語の連発。(あたりまえか) それでも、"Nice"や"Good"のような単語はかろうじてわかるので、なんだか褒められてるみたいだ?と思うと、軽い性格のせいか、じぶんでも不思議なほど、"Thank you"が口をついて出ていました。そう思うと、酒がすすむにつれてむちゃくちゃな英語と身振り手振りを使い、なんとかコミュニケーションをとろうとするじぶんがいました。後で気づいたのですが、どうやら、"What's your name?"ときかれて、SEKI, SEKIと叫んでいたようです。たぶん、SEKIHASHIといっても誰も正しく言えなかったからでしょう。

　これが、ガイジンキラーへの第1歩。日本人ばなれしたコミュニケーションを手に入れるきっかけでした。

　"SEKI"という顔のある1人の日本人の存在をガイジン

の心の中に刻む、当たり前といえば当たり前のことですが、あの人でもなく、関橋さんちの息子でもなく、トンプソンの人でもない。ガイジンとのコミュニケーションの第1歩は、きちんと覚えやすい名前を覚えてもらうこと(ファースト・ネームでも、ニックネームでもいい)。西洋では、"個人を守る"ことを何より最優先する文化が浸透していて、家庭では小さい頃からそれを徹底的に教え込むそうです。それがわかれば、ガイジンの主張が激しいことや、議論好きなのも腑に落ちますよね。だから、日本人のように、どこそこのガイジンみたいな受けとめ方はほとんど意味をなさないようです。ということは、名前をきちんと覚えてもらわないと、こっちだけがその気になってしまう、ということが起きるわけです。日本人の得意な、"みんな"は通用しないのです。

"ハーイ"から始まる、ガイジン・コミュニティー

この気づきは、僕にとってとても大きな転機になりました。帰ってからは英語の得意な友人のアドバイスで、FEN(米軍放送)のカードラジオをただひたすら聴く毎日。ガイジンとのコミュニケーション欲求が、英語勉学に走らせたといえます。

それからは、外資系会社という利点を生かし（今まで そうしなかったのがもったいないくらい、何しろ無料の 英会話ですから）、社内のガイジンと顔をあわせたらと りあえず、ハーイ！ をかわし、たいした用がなくても食事 の話、映画の話、温泉の話など、通じるかどうかは委細 かまわず、英会話井戸端会議よろしく、ぺちゃぺちゃが 始まりました。

　その効果は絶大で、こっちから話さないと話さなかっ たガイジンまでが、"Hi SEKI, how are you?" と声をか けるようになりました。いま思えばこのあたりが、ガイジ ンキラーへの出発点だったようです。

　世界は一変しました。コテコテの日本人は、1歩づつ ガイジンとのコミュニケーション、という階段を昇り始め たのです。こうなると習うより慣れろで、英語も上手く話 すというより通じるかどうかだけが気になるようになりま した。

　SEKIという1人の日本人対ガイジン、やっとコミュニケ ーションの土俵に上がったわけです。

常識の壁を破ったとき、新しい世界が始まった

　ガイジンとのコミュニケーションに不可欠なのは英語

力。ほとんどの日本人がそう思っています。それを証明するように英会話学校、英会話雑誌、英会話上達テープなどが氾濫し、たくさんの日本人が押しかけています。

　少しだけ英語が見えてきたように思い込んでしまった僕も、その思い込みにしたがって、英会話のNOVA、NHKビジネス英会話、1000時間ヒヤリングマラソンなどにチャレンジ。そのどれも素晴らしいものでしたが、僕の努力不足のせいか本当の英語力をつけてくれたかどうかは疑問でした。

　どんな習い事でも、はじめは0からのスタートですから一気に上手くなったような気がして調子に乗ってしまう。しかしすぐに壁にぶちあたり、そして一向に上達しないのであきらめる人が大半。まさにこのパターンにすっぽりはまってしまったわけです。

　やはり40歳の手習いでは無理か、と思ってしまうとガイジンとの会話も、おきまりの How are you？ や、昨日どんな食事をした？のように、同じところをぐるぐる回っているようなものになってしまいました。

　そんなときに、とんでもない仕事が襲ってきました（こう表現するしかありません）。

　朝の11時にうちの社長の電話がなりました。相手はあるクライアントの社長。用件はそのクライアントのCM

を作ってくれというものです。広告代理店では当たり前の仕事ですが、なんと明日の（今日の明日ですよ！）午後2時に、いま来日しているタレントのCM撮影をしてくれというものです。あさってには帰国するというのがその理由。まったくの寝耳に水。戦略も無ければ、コンセプトもない、一度も話し合ったことのない仕事です。ガイジン社長に呼ばれた僕は、"そんなの無理に決まってます、できるわけないですよ"と胸を張って答えました。僕でなくても、10人中10人そう答えるでしょう。

　ご存じない方のために教えますが、CMを撮影するまでに通常なら少なくとも3ヶ月はかかります。戦略を立て、企画を練り、クライアントと議論を尽くし、決定する。時には、消費者調査を行う、それからやっと撮影監督を決め撮影にいたるのです。このように、皆さんがCMをテレビで見るまでには多くの時間と労力が使われています。脱線してしまいましたが、それだけとんでもない仕事が舞い込んできた、ということなのです。

　これからちょっと、2人の会話を再現してみましょう。
"俺は今とてもエキサイトしている、おまえはどうだ？"
"そういわれても、困ります"
"こんなチャンスは、そうそうあるもんじゃないぞ！"
"どう考えてみても、時間的に無理です"

"なぜそう思うんだ？"
"今までこんなことはやったことがありませんから"
"やってみなきゃ、わからないだろう！"
"誰にだって、できるわけありません"
"だったら、おまえが初めて成し遂げた人になればいいじゃないか"
"社長がきっぱり断るべきです"
"俺は家に飛び込んできた鳥は逃がさない"
"何を言っているんですか、わたしにはさっぱり理解できません"

　この押し問答は30分ほど続きました。仕事や業種が違っても、こんな経験あるでしょう？話すほどに話がかみ合わなくなってくること。そして、相手への不信感が増し、理解しようという気持ちからはどんどん離れていく、最後には相手への批判が始まる。普通ならこれで終わってしまうのですが、社長のひと言が僕の頭にパンチを食らわせました。

"おまえには未来が見えるのか？"
"……"

　これが2人の会話の終わりでした。そして、じぶんが何に抵抗していたのかわからなくなってきて、とにかくやってみます、と頷いている僕がいました。

典型的な日本人とガイジンの会話

　ちょっとこの会話を見直してみましょう。
　この仕事に対して、最初の段階で2人の間には、かなりの温度差があります。片方はかなりエキサイティング、一方はネガティブ。それに気づくと片方は説得にかかります。チャンス、面白い、やりがいなど前向きなことばを続けて興味を起こさせようと努力しています。しかし一方は、ますますネガティブがましていって、話が一向にかみ合わなくなっている。終いには、質問の答えにさえなっていない状況です。
　この会話を注意深く見ると、日本人が否定的になる典型的な要素がいくつか含まれているのに気づくはずです。間に合わない、やったことがない、みんなと同じでありたい。思い当たるでしょう。これがガイジンとのコミュニケーションをかみあわなくしている大きな原因なのです。
　こうなってしまうと、コミュニケーションは絶望的。前述の会話のように、この状況を前向きに終わらせるひと言というのは、そうそうあるものではありません。
　そういう意味では幸運でした。

とにかくやってみる、と約束した以上、後には引き下がれない状況と漁師魂とで、突進あるのみ。そのときはなぜだかできるとか、できないとかは全く頭にありませんでした。幸運の女神でもいたのか、監督、撮影クルー、スタジオなどは運良く押さえられ、あとは撮影企画をスタッフ全員で徹夜で練り上げたのを今でもはっきり覚えています。そして無事にそのCMはオンエアされました。

社長の[ガイジン力]が、
僕の[ガイジン力]を引き出した

　後になってみると、社長とのその1時間は僕を3段階くらい引き上げてくれたような気がします。英語の裏には、日本人とは異なる、ガイジンの意図や態度があるということがわかったのですから。単に会話がかみ合わないのではなく、気持ちがかみ合っていない。それは、英語力の問題というよりガイジン力（？）の問題だったのです。

　社長の言いたかったことは、やらなければ何もできないし、やればできることもある。そのために、何ができるか、どうすればできるかを相談したかったのです。

　やっと僕もわかりました。ガイジンとの会話では、まず

相手が言っていることをちゃんと理解すること、そして理解しないうちに否定しないこと。もし、わからなかったら、明日の朝まで考えさせてください(Let me think about it until tomorrow morning.)と言うこと。決して、あいまいなままに会話を終わらせないこと、期限を必ず区切ること。これ以降、ガイジンとのミス・コミュニケーションは減り、仕事は一気にスムースになりました。それからです、仕事がばんばん入りだしたのは。

［ことば］ではなく、［気持ち］を理解する

　また、そのときの会話には、ガイジンを知る上でとても重要な英語（英単語）がちりばめられていました。Try, Challenge, Positive, Can-doなどですが、上手に使うとガイジンとのコミュニケーションで便利な道具になることもわかりました。（これらの英語に関しては、本文中で詳しく説明します）

　それらの英語には、ガイジンが生活する上で、仕事をする上で、ベースになっている価値観が含まれていました。注意しながら会話をしていると、多くのガイジン（欧米人はもちろん欧米で学んだガイジンも）は、そういう英語を連発することに気がつきました。特に、問題を解決

する時、新しいことを始める時などに。

　英語が母国語でない日本人にとっては、どうしても表面の英語を訳さなくては、という気になってしまいます。もちろん僕もそうでしたが、書いてあるものを訳す作業と違い、英語でのコミュニケーションとなると話している相手の気持ち、意図、価値観などを理解しないことには通じ合えるとはいえません。"通じ合える"、この大事さが30年かかってわかったともいえるでしょう。

　こうして、たいして英語ができるわけでもない僕が（本当です）、ガイジンキラーの道を進んでいったのです。じぶんという日本人を、少し離れたところから見るもうひとりの日本人。つまり、何かに固執しているじぶんから離れてみる。まさに、日本人から離れてみる。これが、ガイジンとのコミュニケーションをスムースにいかせた、大きな理由でした。

**いまのあなたの
ガイジン・コミュニケーション能力をチェック**

　僕が日本人ばなれしたコミュニケーションを手に入れるまでを、簡単に書いてきましたが、もうおわかりのように僕もれっきとしたガイジン＆英語コンプレックスをもっ

ていましたし、コミュニケーション・パターンもコテコテの日本人のものでした。

　でもいまこれをお読みになっている方は、少し違うかもしれません。僕より少々英語に自信のある方、全然駄目という方いろいろでしょう。そこで、いまのあなたのガイジン・コミュニケーション・パターンをチェックしてみましょう。現状に気づくことは、改善のための大事な1歩ですから。チェックして、3個以上ついた方は要注意。そう感じている場面を思い出してみてください。

　そのときの出来事、そのときの会話の内容、そのときの感情はどうでしたか。そのことを考えて、この本を読みすすんでいただくと、より腑に落ちるはずです。それにあった項目を見つけて読んでみてください。ピン、とくることを願っています。

☑ チェックリスト

1. ある朝、新聞で知った。あ、会社が外資に買われた。
   どうしよう、英語もうまくできないし。と、ひとり悩むタイプ。

2. 所詮ガイジンには日本のことはわかりっこないよ。
   と、開き直るタイプ？

3. ガイジンというだけで、近くに寄れないよ。
   と、一歩引くタイプ？

4. 昔は良かったなあ。と、過去に引きこもるタイプ？

5. なじみのない文化を持っている人とのつきあい方がわからない。
   と、困惑するタイプ？

6. 見かけだけで引けをとる。と、劣等感を持つタイプ？

7. 何を話せばいいかわからない。と、あきらめのタイプ？

8. ガイジンは自己アピールがうまいけどじぶんはねえ。
   と、弱気なタイプ？

9. ガイジンを前にするとただニコニコするだけしかできない。
   と、ごまかすタイプ？

10. ガイジンの前では、いつもより大きな声で"イエース"を連発。
    と、お調子者タイプ？

11. 英語は読めるが英会話となるとね。と、決め込みタイプ？

12. 英語は得意なのに、ガイジンと話がかみあわない。
    と、不可解タイプ？

13. ガイジンというだけでなんだかけんか腰になってしまう。
    と、突っ張りタイプ？

ガイジンとのコミュニケーションがうまくいく、4つのルール

ガイジンとコミュニケーションをとる時には、基本的なルールが4つあります。ルールというと堅苦しいのですが、心構えとか、スタンスと思ってください。いつも日本人相手にしているコミュニケーションとははっきりいって違います。いいとか悪いとか考えず、目的はガイジンとのコミュニケーションをうまくすること、とだけ考えましょう。この基本的なルールが身につけば、後で出てくる11の法則もたやすくなるはずです。では、始めましょう。

Rule 1 モードを切換えよう
阿吽の呼吸には頼るな

　たとえば、話す相手が中学の元恩師だったらどう話しますか。懐かしい思いはいっぱいあっても、最低の礼儀は守りますよね。目上、先生、敬意というルールに従うはずです。それが、いとこの小さな子供だとしたら、親近、平易、寛容というルールにチェンジ。日頃は、意識せずにコミュニケーションの方法、モードを変えています。

　あーそれなのに、いざガイジンを前にするとうまくコミュニケーションがとれないのはなぜでしょう。僕にも思

いあたるフシが山ほどあります。日頃は考えもしない"愛国心"が目覚めるのか、妙に対決姿勢をあらわにしてしまう。Ｊリーグは見ないのにワールドカップ予選になると熱くなる、あれですね。素直になれないじぶんがいて、なんでもかんでもネガティブにとってしまう。これで何回失敗したかしれません。

　ガイジンとのコミュニケーションも、いくつかあるコミュニケーション・モードのひとつだと思えば楽になるかもしれません。丸い土俵で戦うのではなく、四角いリングにあがる。当然戦法は変わってきます。

　おなじみの、
"阿吽（あうん）の呼吸"
"みんなわかってくれる"
"言うまでもないことは言わない"
　なんてのはパンチにもボディーブローにもなりません。
　ある時こんな会議がありました。
　クライアント（得意先）にもっていくテレビコマーシャルの企画について、ガイジン上司と日本人チームの意見が全くあいません。ＣＭの雰囲気、調子を大事にする日本チームに対して、ガイジン上司は言いたいことを端的に言えと譲りません。会議はそれこそ対立ムードで、２時間も続き結論が見えないところまでやってきました。こ

うなると明後日に迫ったプレゼンに支障がでます。日本人同士ならなんとなく、みんなの意見をそれなりに入れて丸く収めますよね。

　結論が出るでもなく、"ま、考えときましょう"ということで会議は終了。

　このフレーズ、ご存知のように、日本人的にはやわらかくお断りということです。しかしそのとき通訳者が何と訳したのかはわかりませんでしたが、ガイジン上司は妙に納得していたのが気がかりでした。

　そして当日、ガイジン上司が主張したアイディアはもちろんありません。それに気づいた彼は、なんとクライアントに電話してプレゼンをキャンセルしてしまったのです。こんなことは、日本人にはとうてい信じられません。得意先との時間の約束はとにかく守る、プレゼンさえすれば気に入るかもしれない、などなどベストとはいえなくてもクライアントを満足させることを最優先させます。

　一方、ガイジンはつねにベストと思うものを売ろうと考えています。もちろん日本人だってそうです。しかし、時間を厳守するという考えが身にしみている日本人には、それを破ってまで突き詰めるという考えはありません。このギャップが、悲劇を生んだのです。

　あとでわかったのですが、"考えときましょう"は、Let

me think、つまり彼の言うことを考えるということに文字通り訳されていました。

コミュニケーションのずれはこうして起きたのです。ガイジンとのコミュニケーションの第1歩は、まずお互いが違う、ということを明確に意識すること。いい悪いではなく、文化、歴史、価値観が違う人同士が話すのだから、視点が違うのはもちろんのこと、些細な常識さえ違う、ということをわかったうえで話す努力が必要なのです。これを忘れなければ、堂々とリングに上がることができるようになります。

> **教訓**：思い込みには最大の危険が潜んでいる。役者になったつもりで、いつもと違うじぶんが話している気分で臨もう。

Rule 2 Yes, Noをきっぱり言う
すべてはそこから始まる

日本人のコミュニケーションで一番使われる言葉は何だと思いますか。間違いなくダントツは"どうも"でしょう。こんにちは、お久しぶり、すみません、ありがとう。いつ

でも使えて角が立たない、都合のいいマジックワードといえます。自分の立場をはっきりさせずにコミュニケーションを図る日本人の得意技ですが、これがガイジンとのコミュニケーションにおいてはアダになることが多いのです。

　こんな失敗がありました。

　赴任してきたばかりのイギリス人の家でのパーティーに招待された日のことです。夫婦とも日本は初めてで、異国での新生活に不安と期待が入りまじっている頃でした。日本ではビールでも、で始まりますが、あちらではまずシャンパン。テラスに出て、立ちながらの会話がスタート。ガイジン、特にイギリス人はこういう時ほとんど座りません。夜の六本木はどうのこうの、だのたわいのない会話が延々と続きシャンパンのおかわりもすすむ。ちょっと疲れたしお腹もすいたな、と思ってまわりを見渡すと同僚の日本人はちゃっかり、椅子を見つけて座り込んでいます。やれやれと座り込んで、少し眠気がやってくるころ、やっと料理が登場。おなかがすいていたので、ガツガツと食べ始めました。それを見ていた奥さんが嬉しそうに近づいてきて話しかけました。

　"イギリス料理はいかがですか？"

　"すごくおいしいです"

"特にどれがお好きですか？"

"ローストビーフ"

"では、もっと召し上がれ"

　と言って、さらに5枚切りわけて僕の皿の上にのせてくれました。なにしろ向こうのサイズはそれこそガイジン並みなので5枚とはいえドカン。言った手前食べないわけにもいかずワインと一緒にかきこみました。もう、フーの状態です。奥さんはさらに、

"たまご料理はお好きですか？"

"はい、大好物です"

"じゃあ、スコッチエッグってご存知？"

"聞いたことはあるような気がするけど、"

"召し上がってみますか？"

"はい、もういっぱいなので結構です"

　満腹の状態でソファーに座っていると、奥さんがキッチンから山のようにスコッチエッグを持ってきました。たまごを揚げた料理です。

"さあ、たくさん召し上がれ"

"えっ"

　断ったはずなのに、英語が通じなかったのかなあと思い、まずは1つ食べ始めました。じっとニコニコして見ているので悪いかなという気がして2個目。やけくそに

なって3個目、4個目を食べた後はさすがに気持ちが悪くなってごまかしながらトイレに駆け込んだのを覚えています。

さすがにバツが悪かったのですが、気取られまいとする日本人の僕がいました。

何が問題だったのでしょう。

奥さんとの会話を振返ってみてください。ガイジンのお宅に呼ばれたのではなくても、経験ありませんか。日本人に多い、相手に異常に気を使ってしまうために起きる遠慮。せっかく作ってくれたんだからとか、出されたものは残してはいけないという親のしつけなどのせいで、無理して食べたり、本音を言わないことがままあります。それに加えて、最大のポイントは、やんわり断る作法。"召し上がってみますか？"に対する答えが、"はい、もう結構です"、日本人的には断っていますが、英語では、どう質問されようと食べるなら"イエス"、食べないなら"ノー"。とてもシンプルにできています。日本語のように婉曲的な答え方は使われません。

ですからこの場合は、"ノー"とはっきり言ってから、おいしくてたくさん食べ過ぎました、だからお腹がいっぱいです、と答えれば奥さんも喜んでくれたはずです。簡単なようで、むずかしいのが、YES, NO。

食事の場面なので笑い話で済んでいますが、これが仕事や大事な話だったら笑い事で済まされませんよね。相手を傷つけず断る文化が身に染みついている日本人には、結構厄介な代物です。ある意味では、ガイジンに対するじぶんの決意表明になるかもしれません。

> **教訓**：ガイジンには話す相手を察するという文化はないと思え。自分の立場を伝えるのは、YESかNOしかない。そこから次が始まる。

Rule 3 キャッチボールを楽しもう
意見を言わないのは、その場にいないのと同じだ

　だいたいが僕も学生の頃から話すのが得意ではありませんでした。そのせいか友達になるのはほとんどが話し好き。ほおっておけば、ひとりで何時間も話しているような奴となぜか馬が合いました。うんうんとうなずきながら、時には簡単な質問をしたりして遅くまで話し込んだのを覚えています。それでも楽しいと感じていたのは、相手が僕のことをちゃんと意識して、理解してくれていたからだといまさらながら思っています。

日本人には僕のようなタイプの人が多いのではないかと思います。じぶんから話す時はあらかじめ話題を決めておけばいいのですが、突然だと話が続かず気まずい空気が流れたりしたものです。

　そういう日本人がガイジンと話したらどうなると思います？ 英語力の問題、内容の問題、態度の問題、いくつかありますが、まあ想像がつきますよね。

　こんなことがありました。

　クリエイティブ部門のトップに、アメリカからガイジンが赴任して来ました。彼はオフィスを一目見て、頭を抱え込んでしまったのです。"Oh, my God!"と言ったか、"Terrible"と言ったかは覚えていませんが、失望が顔中に現れていました。広告代理店とはいえ、オフィスは日本のほかの会社とそれほど変わりません。効率よく人を入れるため、机は整然と並んでいます。違いは、考える仕事なので机の周りに大きな仕切りがあり隣からは見えないようになっている。小さな机に閉じこもっているといった感覚でしょうか。

　これが気に入らなかったようです。

　それですぐにクリエイティブ部門のキーマン3人が呼ばれました、僕もその一人です。そして話し合いが始まりました。

"スタッフはみんなこのオフィス環境に満足しているのか？"
"理想を言ってもきりないし、いいんじゃないですか"
"じゃ、理想はどうなんだ？"
"コストがかかるし、どーせ無理でしょう"
"無理かどうか提案してみないとわからないじゃないか"
"じゃ、立派なデスクに広いスペース？"
"クリエイティブ部門としてどうあるべきかを聞いているんだ"
"……"

このあたりから何を言ったらいいのかわからなくなり、ガイジン上司が一方的に言い始める。

"ごちゃごちゃした迷路みたいで、誰がどこにいるかわからないだろう？"
"鳥の巣みたいに閉鎖的じゃ、議論もできないだろう？"
"学校みたいで、クリエイティブが発揮しにくいだろう？"
"明るい、オープンなスペースのほうがみんな好きだろう？"

一応質問はしているみたいだけれど、誰も答えないし答えようともしませんでした。なぜなら、答えを求めているというより、ガイジンの趣味を話しているんだな、とみんな受け止めていたのです。はじめて日本に来たん

だし、日本人の事だってわかるわけないよな、と思って聞き流し状態に3人とも入ってしまいました。

　こうなると頭では別なことを考え始めるし、返事も生半可になるし、早く終わりたい一心でみんな黙ってうなずいていたようです。

　それから1ヶ月も経たない週末、工事が始まりました。隣との背の高い仕切りは取り外され、机は2人づつペアのように向かい合ったレイアウトに変更されました。3人が驚いた以上にスタッフからの文句は想像を超えていました。

　僕の心に起きたことは、強い怒りと"なぜ"の疑問。部門のトップなら何をやってもいいのか、何の説明も了解もないのか、さらにそれはガイジンだからなのか。こうなると黙っていられない性格の僕は、上司に直談判に。

"なぜ、ひとこと言ってくれないのですか？"

"みんなで話し合って決めたじゃないか"

"してません、日本人を馬鹿にしてるんですか？"

"ちゃんとじぶんの考えを言ってみんな賛成したじゃないか"

"した覚えはありません"

"質問して、みんな反論がなかったし、なにか間違ってるか？"

そのとき頭が逆光のように真っ白になった気がします。ただ彼は彼の意見を言っていただけだと思っていたこと、自分の意見を全く言わなかったこと、などが頭の中でぐるぐる回っていました。
　"もし、意見があるなら聞こうか"
　このひとことで救われました。後で考えると結構いい奴でした、彼は。

> **教訓**：黙って聞いているだけで、結論が先送りになることはないと思え。じぶんの意見を戦わしてはじめて、ガイジンは日本人の意見に耳を傾ける。

Rule 4 堂々としていよう
説得力は自信ある外見から生まれる

　日本人とガイジン、何がいちばん違うと思いますか。外見？　背が高くて足が長くて青い目。憧れのガイジンですが、僕が思うにいちばんの違いは、堂々としていること。姿勢がいいのか、胸を張っているのか、落ち着いているのかわかりませんが、この印象が強い。だからガイジンと話していると妙に位負けしている気分になって

しまいます。照れくさいのか躾なのか、日本人は相手の目をじっと見つめて話すのが苦手。ところがガイジンは、君と話しているんだということをことさら強調するように、食い入るように目を見つめて話します。そうすると、目をはずすのは日本人のほう。下を向いたり、横を向いたり。

　さらにガイジンは、ときおり大きく手を広げたりして話にアクセントをつけてきます。こうなるともう2人で話しているというよりも、日本人はオーディエンスと化して存在感をなくしてしまいます。

　こんなことが何回かありました。

　ある外資系クライアント（得意先）にプレゼンにいったときのことです。そのペットフード会社の売り上げの落ち込みをストップさせるため、ディズニーランドご招待キャンペーンを大々的にやろうという売り込みでした。

　主にプレゼンをしたのは僕の部下で、相手はガイジン部長。

"いろいろ考えましたが、ディズニーランドがいいんじゃないでしょうか"

"なぜそう思うのですか？"

"人気だし、堅い線でしょう"

"ペットを飼っている人がディズニーランドに行く回数は

どれくらいですか？"

"そういうデータはないんですが、みんな行きたいにきまってるでしょう"

"ディズニーランドはペットを連れて行けないんじゃないですか？"

"それはそうですが"

"どうもペットフードのプレゼントキャンペーンとしては必然性がないように思えるのですが、どうでしょう？"

"いいと思ったんですがね"

"では、もっと考えてみてください"

"ちょっと待っていただいていいですか？"

と、ここで僕が口を挟みました。

"失礼ですが、ディズニーランドには行かれたことがありますか？"

"ええ、2度、家族と行きました"

"そのとき、どんなことをお感じになりましたか？"

"7歳の息子ですが、あんなにうれしそうにしているのを見たことがありません。連れて行ってよかったと本当に思いました"

"そうですよね、僕もそう感じたのですが、ディズニーランドには人を喜ばせる、感動させる何かがあります"

"本当にそうだね"

"だとしたら、お子さんは連れて行ってくれたパパに感謝しているでしょうね"

"そうか、ディズニーランドをプレゼントしてくれた私たちのブランドに好意をもってくれる、ということなんだな"

"人を幸せな気持ちにする、という意味ではディズニーランドへ行くことも、ペットを飼うということもおなじです、私はそう思います"

"わかった、やってみよう、ありがとう"

こうしてどうにか企画は了承されました。会社に帰ってから部下は僕に不満そうに告げました。おなじことを言っても上司のことは聞くんですよね、やっぱり立場が偉くないと駄目みたいですね、次回からはお願いします。それは違う、と答えてもそのときはどうにも納得がいかない様子でした。

ちょっと振り返ってみましょう。

部下の言い方はほとんどが客観的な語尾になっていました。自分の意見を主張するというより、世間的な同調を求めているといった感じ。企画に自信はあったのでしょうが、プレゼンの場で自信が感じられませんでした。そうなると、主導権は相手に移り、鋭い質問に対してしどろもどろ。相手の目を見据えられなくなり、声も次第に小さくなってしまいました。

もちろんその対応を見ていた僕もまずい！と思いながらもこのまますごすご引き返すわけにはいかない、という思いで逆に自信（空ですが）ありげにまず相手の目を見つめました。そして相手に質問するという手に出たのですが、主導権をとりこちらの存在感を高めるというやり方です。

　これが功を奏して、相手はこちらの土俵に乗ってきました。部下からも言われたのですが、そのときの僕は身振り手振りを使って、相手を圧倒しているような感じだった、と。

　そのときは気がつかなかったのですが、きっと胸をはり、声にも抑揚があり、自信たっぷりに見えたのでしょう。ガイジン並みの、"自己力"ですね。

　この後も、何度か同じことがありました。うまくいったプレゼンは、僕でなくてもみんなおなじように自信たっぷりに見えたものです。

> **教訓**：外見は想像以上に効果があると肝に銘ぜよ。自信があるように見える話し方から、ガイジンに対する説得力が生まれる。

ガイジンの気持ちがわかるようになる、11の法則

4つの基本的なルール、わかっていただけたでしょうか。あれだけでも、ガイジンとのコミュニケーションは大幅に改善されると思っています。僕自身、それがわかってからは次の段階にすすんだ感じがして、以前よりもっとガイジンの懐に飛び込んでいった実感がありました。コミュニケーションの立ち位置がはっきりした結果なのでしょう。

　それでも、1歩進めば進んだで、難問が待ち構えていました。話がわかる日本人ということで、さらにガイジン的な会話に引き込まれていったのです。ことあるごとに、これはどういう意味だ？　なぜ日本人スタッフはわからないのか？　はては歌舞伎鑑賞のお供、スモーキーな焼き鳥屋で一杯。ガイジン上司の秘書のようで、周りからはガイジンにへつらう奴という声も聞こえてきて矛盾を感じることもたびたびでした。

　しかも、4つのルールだけでは理解できないコミュニケーションの壁が立ちふさがり、時には聞いているだけという、情けない状況が続きました。いってみれば、ピアノなどの習い事をしているときにぶち当たる壁。最初はうまくいくので面白いけれど、すぐに進歩が見えなくなる、あれに似ています。ここでギブアップしたら永遠にうまくならない、という思いから辛抱強くつきあいました。

そうこうしているうち、ある時、パッとひらめきのように気がつきました。あ、同じことを言っている。アメリカ人、イギリス人、インド人、スペイン人、中国人、いろんな国の人だけれど、英語圏で育った人、教育を受けた人は、同じような状況で特定の単語やフレーズを頻繁に使っていたのです。それに気づくと、状況状況でいくつかの法則のようなパターンがみられました。それらは、仕事に向かう時の姿勢、やり方、そしてどう生きるかという価値観が底流に流れていたのです。

　いってみれば、ワンワードの重み、凝縮されたひとこと。それ以来、そのことばの裏側にあるガイジンの意図、意思がわかるようになり、本当の意味での日本人とガイジンのコミュニケーションができるようになりました。あー、こういうことが言いたいんだな、こうしてほしいんだな、と。

　それからはガイジンとのコミュニケーションがうまくいき、自分のやりたい仕事がとんとん拍子に運びました。そうすれば信頼感も増し、面白い、やりがいのある仕事が入ってくるようになりましたし、自然に役職も上がっていったわけです。後で気づいたことですが、ガイジンとの上手なコミュニケーションは、おおきな副産物も与えてくれました。プレゼン上手、聞き方上手、発想転換上

手、スマイル上手、前向き志向など、ガイジンに限らず、いろんな人とのコミュニケーションを、画期的に変えてくれたのです。実は、この効果が一番大きかったと実感しています。ですから、入り口はガイジンとのコミュニケーションの改善ですが、結果的にコミュニケーションすべてを変えてくれる、と思っていただいても結構です。ガイジンに学ぶコミュニケーション術、ぜひ、役立ててください。

　これからお読みいただくものは、僕が30年にわたって書きとめたメモをもとにして、まとめあげたものです。ガイジンにみられるコミュニケーションを、11の法則に分け、それぞれにおいてよく使われる英単語およびフレーズを簡易辞典のように列挙しました。辞典というとおおげさですが、手軽に使っていただけるとうれしいです。困った時のワンワード、理解を深めるワンワード、仲良くなるワンワードなどなど、いろんな風にお役立てください。そのひと言がガイジンとのコミュニケーションを理解する助けになります。まさに、マジックワード。

❶オープンの法則
Open

かくし事をしない、相手によって態度を変えない

　ガイジンと日本人のコミュニケーションで何がいちばん違うかと聞かれたら、僕なら真っ先に"オープン"と答えるでしょう。日本人は、そう育てられたのか、そう教えられたのか、まず他人とのコミュニケーションにおいては、ある一定の距離を保ちます。その距離感は相手との関係、年齢によっても変わってきますが、ベタベタに近いということはほとんどありません。腹を探るというと語弊がありますが、積極的にすべてを明かすことはためらわれてきたのは事実です。特に上下関係においては、目下の場合、相手に合わせるのが礼儀、目上の場合は、威

厳を保ちながら寛容に、と思われてきました。どちらの場合も、あからさまなコミュニケーションはありませんでした。
ガイジンの場合はどうでしょう。

　ある時、大きなクライアントを失うかもしれない、という局面がありました。そのときの会議の模様です。ガイジン社長の怒号が室内に響いていました。
"こんなありきたりのアイディアでは、クライアントの信頼を回復できない！"
"しかし、クライアントの要望には沿っていると思うのですが"
"なぜ、こういう状況になったのか、考えないのか！"
"セールスが良くないのは、うちのせいというより、商品に問題があると思うのですが"
"だったら、それについてクライアントに問題提起したことがあるのか?!"
"それは、向こうの問題ですから言えません"
"そこに問題があるのに気がつかないのか！"
　社長のボルテージは最高潮、もう誰も何も言えない状況になっていました。僕も、心の中で、しょうがない、社長の責任じゃないの、どうすればいいの、を繰り返していたのを覚えています。何分かの沈黙の後、社長が

淡々と言い始めました。

"クライアントを失うのが恐いわけじゃない、広告代理店にはつきものだ。ただ、このクライアントを失いたくないんだ、私は。私がこの会社に入った理由は、写真を扱うこのクライアントの仕事がしたかったからだ。写真は、その人の記録を残すだけでなく、その人のそのときの気持ちを写す、とても感動的なものだと思う。その広告をするということは、人の気持ちに触れ人のこころを動かすことだ。私は、広告ビジネスをただの金儲けだと思ったことはない、社長だからもちろん会社の利益には責任がある、しかし広告は見知らぬ多くの人とつながるためのすてきなコミュニケーションだ。そのチャンスがこのクライアントにはあると思う。もう一度、感動させたい、こころを動かしたい、そんなことをしてみないか。どうだろう？"

ある意味では僕も初体験でした。社長がみんなの前で、本音を隠し事なく、じぶんの言葉でさらけ出したのです。相手が社長なのでどう反応していいかわかりませんでしたが、社長との距離が一気に近くなったのを感じました。

僕がこのことから学んだ最高のものは、人を好きになるという感覚です。上司部下、先輩後輩、どんな関係に

おいても、ガイジンのコミュニケーションは基本的にオープン。隠し事もしなければ、裏でこそこそもしない。風通しのいい人間関係をつくる元になっています。あからさまはちょっと恥ずかしいけれど、あきらかにするのはとても気持ちのいいことです。まずは、"あなたのオープン"をオープンさせましょう。

次にあげたいくつかの英語は、ガイジンがコミュニケーションする際、オープンにしたいという意思表示だと思ってください。こちらもそういう気持ちで聞いていれば、相手の気持ちが魔法のようにわかります。

1-1 | Have an open talk (ハブ・アン・オープン・トーク)

上司、先輩、部下、後輩、初対面の人など誰に対しても、まっさらな気持ちで臨むこと。勘ぐらない、決め付けない、隠し事をしない、遠慮しない、とにかくストレートに話すやり方。これを続けていると、話すことが苦痛でなくなり、楽しくなってくる。

■解説

この"オープン"は、ガイジンとコミュニケーションする

上でマジックワード中のマジックワードといえます。たとえば、どうもガイジンとうまく話ができないと感じたら、まずはじぶんのオープン度をチェックしてみましょう。隠し事はないか、遠慮していないか、本音で話しているかを考えてください。目上の人だから必要以上に気を使っている？ 取るに足らない奴だから言う必要がない？ そう思っていると肝心のコミュニケーションがおろそかになってしまいます。慣れ親しんだやり方ですが、ひとまず誰に対しても平等にオープンに話してみましょう。もちろん無礼にしていいというわけではありませんが。

[英文例]

"Are you keeping anything from me because I am your boss?"
　私が部長だからといってなにか遠慮していませんか？
"No, I'm not."
　いえ、そんなことは
"I just want to listen to your opinion. Let's have an open talk."
　私はあなたの意見が聞きたいだけなので、遠慮なく

話してほしい

■コミュニケーションの処方箋

　ガイジンと話をしていて、もしガイジンから"オープン"がいっぱいでてきたら要注意。まだまだ、本音を明かしていない証拠です。そんなときは、アタマを空っぽに、こころを好奇心いっぱいに、子供の時のようにして話しましょう。回数を重ねるうちに、子供時代のオープン・トークが甦ってきます。

1-2 Open-minded（オープン・マインデッド）

　自分の価値観にあわないものには耳を傾けない態度をやめること。くだらない、取るに足らない、意味がわからない、と決めつけずに、相手が誰であろうと好奇心を持って話を聞くやり方。偏見の強い人、よそ者への警戒心の強い人には必須のマジックワードになる。

■解説

　ガイジンと話すときはどうしても警戒心がはたらきま

す。相手にやりこまれはしないかという心配で、ついつい心をガード、弱みを見せまいとしていないでしょうか。こうなると相手が言っていることに対してネガティブに反応。日本は違う、という典型的なコミュニケーションになってしまいます。ガイジンに限らず、誰の話でも良く聞く人を見てください。子供だろうが目下だろうが、誰に対してもふんふんとうなずきながら、笑顔で聞いています。あれですね。偏見のない人は、誰からも好かれるようになるし、みんな本音で安心して話しだします。

　もしガイジンの話を偏見で聞いていると思ったら、目を見て、笑顔で、心を無にしてやってみましょう。ことばの壁を乗り越えるのもむずかしくなくなります。

[**英文例**]

"Is it unusual?"
　私の考えは変ですか？
"I think it won't work for Japan."
　ちょっと、日本では通用しないと思います
"Why you think so?"
　なぜ、そう思うんですか？
"It is general knowledge here."

ずっと、そうだから

"Can you listen more carefully, and be open-minded, please?"

もっとよく聞いてください、偏見をもたないで

■コミュニケーションの処方箋

　警戒心の強い人は要注意。ガイジンとのコミュニケーションが表面的になってしまって、仕事は進まない、問題は解決しない。こころをスポンジのようにして、相手の話を全部吸収しましょう。そうすれば自然に自分の意見が言えるようになります。

1-3　Open-door policy （オープン・ドア・ポリシー）

　精神的にも物理的にも、じぶんの城に閉じこもることをやめ、いつでも、じぶんのドアを開放する姿勢のこと。まずは防御するという、いつものやり方を変え、他人の意見を聞いてみることから始める。よどんだ空気がリフレッシュされるように、頭もこころも、新鮮になってくる。

■解説

 だいたい社長室は最上階にあり、秘書に守られています。僕もそうでしたが、呼ばれでもしなければ一切近づくことはありませんでした。日本人は歴史的に、殿様には平身低頭があらかじめセットされているので、いまでも上司はともかく社長に何かを言うという発想は持ち合わせていません。しかしガイジンの場合、たとえ社長でも社長室のドアをそれこそ開けっぱなしているケースが多く、見ているといろんな人が立ち寄っておしゃべりをしています。このコミュニケーションの仕方はちょっと信じがたいものがありましたが、いざ勇気を持って突入してみると意外にニコニコして対応してくれました。社長のほうも意外な訪問者にうれしそうでした。

 たくさんの人の意見をとりいれるには、やはり物理的に解放することが手っ取り早いのでしょう。ガイジン苦手意識を取り払うには、まずはガイジンの部屋のドアをノックする、そしてあなたのデスクの横にも椅子を置いてガイジンを座らせる、そうすれば、自然にあなたの心のドアもオープンになってきます。自分の殻をはずす最良の方法かもしれません。

［英文例］

"Why not talk to the boss directly if you have a different opinion?"

意見があるなら、直接ボスに言いに行けばいいじゃない？

"No, I can't speak to him directly."

いや、直接は行きにくいよ

"Yes, you can. He holds open-door policy not only for his office but also for his mind."

そんなことはないよ、ボスはそれこそ部屋も心もオープンドアだから

■コミュニケーションの処方箋

ガイジン苦手意識を取り払う最良の方法です。まずはガイジンの部屋のドアをノックする、そしてあなたのデスクの横にも椅子を置いてガイジンを座らせる。よく言う、当たって砕けろ、の実践です。自分の殻をはずす近道かもしれません。

1-4 Improve the transparency
（インプルーブ・ザ・トランスパレンシー）

　ガイジンの前では、いい子ぶって同意した振りをするが、裏では日本人同士で痛烈な批判をしたり、物事を勝手に進めたりすることをやめ、目の前ではっきりさせる態度のこと。これをしていると、ガイジンだけでなく、日本人一人一人の意見もはっきりしてきて、独立心が芽生えてくる。

■解説

　ガイジンと仕事をしていると、それまでそんなに仲がよくなかった日本人とでも、急に同志のように思えてくることがありました。ガイジン対日本人の構図。これで何回も失敗したことがあります。どうせガイジンにはわからないのだから後で自分たちだけで決めよう、という日本人談合。これが二極構造を生み、問題を大きくしてしまいました。こうなると、日本人同士で話しているだけで、疑惑をもたれコミュニケーションがぎくしゃくしてしまいます。
　日本に来たばかりのガイジンは、ほとんどこの壁にぶち当たるといいます。

[英文例]

"Why are you talking behind my back?"
なぜ、陰でばかり文句を言っているのですか？
"We are not."
そんなことはありません
"If so, tell me your opinion right now."
だったら、ここで意見を言ってください
"We don't have any opinion to tell you, boss."
社長に言うようなことではありませんので
"Improving transparency is the objective of the company this year, so do not hesitate to say your opinion."
会社の今年の目標は透明性をあげることにある、遠慮なく言いなさい

■コミュニケーションの処方箋

　もし、ガイジンが透明性をことさら叫んでいたら、知らぬうちに黒塗りのガラスを立てていると思ってください。日本人一人一人でも意見は違うはずです、目の前で思ったことを話していれば、みんなの意見がはっきりして

きます。裏表をなくして、ガイジンとでも裸のつきあいができるようになりましょう。

1-5 Feedback （フィードバック）

提案された企画などに対して、話しあった結果を、良い点悪い点など包み隠さず返すやり方のこと。遠慮やごまかしは、誤解の元になる。痛烈な意見は時として、最良のアドバイスになることもある。

■解説

簡単なようで上手にできないのがフィードバック。僕にも苦い経験があります。ガイジン上司へ結果報告をしなければならないときでした。不幸なことに悪い知らせ。無意識のうちに、事を大きくしまいとして、ニュートラルな表現で伝えました。当然、次回への対策は簡単なものでした。しかしその夜、彼の家へクライアントから不満の電話が入ったのです。次の日の会議が悲惨だったのはご想像いただけるでしょう。

もちろん嘘を言ったわけではありません。ただ、曖昧にすませたかったのは事実です。ここで学んだのは、フ

ィードバックの大事さ。単なる意見のまとめや、うわべだけの報告ではかえって問題を引き起こしてしまうということです。

　これは部下に対しても同じこと。傷つかないように婉曲に言ったり、ま、いいんじゃないか、では次のステップの役に立ちません。歯に衣着せない返し方、大胆かつ提案性のある返し方こそが大事なのです。

［英文例］

"Can you give feedback on yesterday's presentation, please?"
　昨日のプレゼンのフィードバックをしてください
"It's pretty good."
　まあまあでしたよ
"I don't understand such feedback, please be more outspoken."
　それでは、わからないので、歯に衣着せないで

■コミュニケーションの処方箋

　他人からの遠慮のない指摘が実は最良のアドバイス。

傷つきはしないか、の気遣いが裏目に出ることのほうが多いのです。ビジネス・コミュニケーションの達人になる大きなポイントのひとつです。

1-6 Share (シェア)

自分の考えたアイディア、自分の見つけた情報などを独り占めにせず、チーム、仲間と共有する姿勢のこと。これができれば、ひとりひとりのやる気が高まり、チームの力が何倍にも大きくなる。

■解説

僕もそうだったのでこれは耳が痛い話。ガイジンからいわれたことがあるのですが、日本人はチーム一丸に見えるけれど全然違う、と。誰かに情報を流してもみんなに伝わっていない、といって個人主義というわけでもなさそうだし、不可解と憤怒していました。ぎくっとなって考えてみると、たしかに僕の場合もみんなにそれなりに合わせているけど、自分が見つけた情報はなかなか共有しません。自分の手柄にしたいといえばそれまでですが、チームといっても個人商店みたいだし、といっ

て責任が強いわけでもなく、悪く言えばチームに依存もしている。ガイジンから見れば、ワケがわからなくなるのも頷けます。ガイジンは、自信があるのか、他人からの刺激を求めているのか、なんでも共有します。このシェアの感覚がチーム内コミュニケーションをスムースにしているのでしょう。

[英文例]

"Can we all share our opinions?"
じゃあ、みんなそれぞれの意見を出し合って、共有しよう

"My opinion is almost the same as others."
だいたい、みんなの意見と同じです

"Our team will be stronger if we share different opinions."
みんながいろんな意見を共有するからチームは強くなるんじゃないか

■コミュニケーションの処方箋

あなたのものは私のもの、私のものはあなたのもの、

という家族的な気持ちでスクラムを組みましょう。もともとチームプレーは日本人の得意技。この強みを生かさなくてなにが日本人。

1-7 Brainstorming（ブレーンストーミング）

チームのみんなが、お互いの脳を差しだす感覚で、アイディアを出しあうコミュニケーション・バトルのこと。変なことを言おうが、突飛なことを言おうが批判せず、やりつづけると、心が無になって相手を恐れない気持ちが得られる。

■解説

この手法をゲットしてから僕はガイジンに向かってラクに話ができるようになった、といっても過言ではありません。1対1でさえむずかしいのに、5, 6人のチーム（ガイジンも2, 3人）で、アイディアを出せ、といわれたときは何のことかさっぱりわかりませんでした。それがブレーン・ストーミング、通称ブレストだったのですが、とにかくたくさん、面白いことを、そして批判するな結論を出すな、と。ガイジンは慣れているのか、楽しそうにそれこ

そ機関銃のようにアイディアを出しまくります。聞いているとくだらないことも多く、なんだよと正直しらけたのも事実です。そのうち、こっちにふられて、戸惑いながらも口からでまかせで言い始めましたが、知らず知らずのうちに何も考えないでしゃべっている自分がいました。気がつくと、ホワイトボードはアイディアの山。はい、ここまで、と言われて、え、何も結論が出てないじゃないか、と思い質問すると、これでいいという答えが返ってきました。

　後で考えるとこれがオープンなコミュニケーションの秘訣、訓練なんだ、と腑に落ちました。みんなが相手の出方を探らず、勘ぐらず、遠慮せず、浮かんだことをストレートに言う。ブレストは本来、アイディアの種をたくさん出すことを目的にした会議ですが、これこそが日本人にとって、格好の訓練の場になるはずです。

[英文例]

"Let's try brainstorming for today's meeting."
　今日の会議はブレストにしてみよう
"How do we manage it?"
　どうするんですか？

"We don't need a conclusion. Let's present lots of ideas."

結論は要りません、たくさんのアイディアを出してください

■**コミュニケーションの処方箋**

あれこれ考える前にしゃべってしまう、トライしてみましょう。小さい頃は、思ったことをすぐに口に出していたでしょう。あれです、あの感覚です。

❷ ハッピーの法則
Happy

スマイルは波紋のようにスマイルを広げてくれる

　ガイジンは総じてニコニコしている印象があるでしょう。他人に対してはほんとうにスマイルを欠かしません。たとえ考え事をしていても、すこし落ち込んでいるときでも、声をかけてくれた人には、即座に明るい顔を見せます。"How are you?" "Hi!"と声をかけて、最悪、最低と答えたガイジンはひとりもいません。ちょっとだけガイジンに慣れていた僕にとってもこれだけは理解しにくいものでした。なにしろ、いつもニコニコ＝ノー天気、お調子者というイメージが、僕の頭の中にはありましたから、じぶんではできるだけ必要のないスマイルは避けてい

たと思います。
"エイサク、何か問題があるのか？"
と聞かれたのは、イギリスで撮影をしていたときのことです。イギリス人の監督を起用してハーゲンダッツのテレビCM制作の現場でした。日本人は私のほかに一緒に行ったプロデューサーのナオコがいるだけの、ガイジン真っ只中の状況。企画が、ガイジンのカップルがベッドでハーゲンダッツを食べるという、ちょっとセクシーな内容もあって、かなり緊張していたせいもあったと思います。
"どういう意味？別に問題はないけど、"
と、答えましたが、え？という感じでした。
"それならいいけど、恐い顔をしてモニターを見ているし、ナオコと話している口調が問題がありそうだったから。遠慮しないで何でもいってくれよ"
恐い顔をしているつもりもなかったし、ナオコとは、いいね、と声を潜めて言っていただけなのに、と思いながらも、なんかしっくりこない感じだけが残りました。
その日の撮影が終わり、
"どうだった、想像通り？"
"いいんじゃない"
と答えましたが、あとで監督のスタッフから聞くところ

によると、僕が満足していないんじゃないか、と監督が心配しているようだ、とのことでした。再び、？だったのですが、ナオコが、だったら明日からは、聞かれたら明るく、大きな声でオーケーと言ってみたらどう、とアドバイスしてくれました。

　で、次の日は、苦手なスマイルで、ちょっと芝居がかって、グレートを連発しました。ちょっと恥ずかしかったけれど、ガイジンばかりなので逆に気楽だったのも幸いしたのでしょう。ニッコリいえば言うほど監督にも笑顔が炸裂して、撮影は無事終了しました。それがハーゲンダッツのベッド編CMです。

　これが、僕の口元をゆるめてコミュニケーションする原点となりました。ガイジンとのコミュニケーションは、いってみれば見知らぬ人とのコミュニケーション。こっちが固い顔をすればするほど、相手も固くなる、その悪循環に気づかせてもらったのです。

　西欧は歴史的に、他民族との交流が多く、必然的にその技を習得したのでしょう。

　これを始めてよかったのは、相手がスマイルになると、こっちの気持ちまでもハッピーになってくることでした。スマイルの種まきをしていると、みんながハッピーになる、実際それを実感することばかりだったといえます。その

監督ともその後とても仲良くなり、ガイジン監督に対するしり込みは全くなくなってしまいました。

このことで思い出したのは、子供の頃はみんなニコニコして遊んでいたからあんなにも楽しかったんだ、ということ。昔やっていたことをもう一度やれば、ガイジンはもちろん、誰とでも楽しいコミュニケーションができる、そう強く思いました。

もし、ガイジンとのコミュニケーションで悩んだら、しまっていたハッピーな笑顔を取り出しましょう。なによりじぶんがハッピーになります。

次にあげたいくつかの英語は、ガイジンがコミュニケーションする時の基本態度だと思ってください。その英語を連発したり、そういう態度を示した時は、あなたもその態度で返してあげてください。きっとハッピーなコミュニケーションが生まれるはずです。

2-1 | Are you happy? (アー・ユー・ハッピー?)

"How are you?"と同じくらい**頻繁に尋ねられるフレーズ**。しあわせ? というより、元気? に近い。たとえ**不機嫌**だったとしても、イエス! と答えることで、**両者の関係がうまくいく、心理的マジックワード**になる。

■解説

　毎日仕事をしていて、今日はしあわせ？もないものです。僕自身も抵抗がありました。イエスと答えるには、質問が重すぎるような気がして戸惑ってしまったのが本音です。それでもガイジンは挨拶のように、ニコニコして声をかけてきます。面倒くさくなって、イエスと答えるとじぶんでも思いのほか大きな声がでていました。日ごろ、日本人同士では目をかわすだけ、よくても、どう？くらいなものです。それに比べれば、挨拶がただの習慣をこえて、コミュニケーションになっていたのです。これにはビックリ。しあわせな気分はあなた次第でやってきます。

[英文例]

"Are you happy?"
　元気？
"Great!"
　最高さ
"Good! I'm also having a day as great as the weather today."
　そうか、私もご機嫌だよ、今日の天気みたいにね

"We'll have a good day today."

いいことがありそうだね

■コミュニケーションの処方箋

誰だってハッピーな気持ちで、一日を始めたいに決まってる。ハッピー？ と尋ねられたら即座に、しあわせ！ と答えましょう。幸せは歩いてこない、だからこっちから連発するのです。コミュニケーションの出だし好調になること間違いなし。

2-2 Enjoy a job （エンジョイ・ア・ジョブ）

生活のために仕事をしているという考えをやめ、どんな些細な仕事、不本意な仕事でも、その中に楽しみをみつけることで、ストレスから開放されるやり方のこと。楽しいと思うことから、新しい発見が生まれることもよくある。

■解説

好きなことを仕事にするしあわせ。僕もそう考えてい

ましたし、そういう人を傍から見ているとうらやましいな、と思っていました。僕自身そう考えて、広告クリエイティブの仕事を選んだのですが、現実は商品を売ることとの板ばさみで、不本意な仕事が大半でした。それで不機嫌な顔をして仕事をしていると、ガイジンボスから、仕事は楽しいか？ 楽しんでやってるか？ という質問攻め。別に、と答えるとボスは怪訝(けげん)な顔をしていたものです。

　ガイジンにとって仕事は生活の糧よりも、じぶんの価値を高めるもの、という考えが染み付いているので、その仕事の中からじぶんを成長させるものを見つけ出そうとしています。だから熱中する、熱中すれば楽しくなってくる。この連続でした。

　それがわかってからは、仕事が楽しいという感覚が実感として捉えられるようになりました。じぶんを面白がらせるもの、それが仕事。こう思うと、ガイジンの、仕事楽しい？ に、"Yes, very much"と答えられるようになります。楽しいじぶん、つくってみましょう。

[英文例]

"Aren't you interested in the job? You have such a blue expression."

そんな顔をして、仕事がおもしろくないの？

"It's not that."

　別に

"You should enjoy your job. If you do, you will soon get the knack."

　仕事を楽しんだほうがいいよ、そうすればすぐにコツがつかめるから

■コミュニケーションの処方箋

　この仕事は絶対何かを私にくれる。そう思って仕事をしていると、必ず、"なぜ"が浮かんでくるはず。そのなぜを、相手に連発しましょう。いろんなものを引き出しながら、楽しく意味のあるコミュニケーションが生まれてきます。

2-3 | Humor （ユーモア）

　深刻な会議でも、ちょっとしたネタを仕込んで笑いをとり、その場にいる人の肩のチカラをぬかせる技のこと。四角四面の会議からは、四角四面のアイディアしか生まれない。

■解説

　ユーモアと駄洒落、こう言われてしまうと、あきらかに格が違いすぎて勝負にならない、僕もそう思っていました。ユーモアにはウイットのような知性が必要で、それを使いこなすには相当の年季が要る。しかし、根本は人を楽しませる、いや笑わせること。そうシンプルに考えると、ガイジンもたいしたユーモアを言っているわけではないことがわかるようになりました。要は、人をくすっと笑わせることでコミュニケーションがうまくいく、それだけのことでした。そうなると、おやじギャグ連発もOK。下品にさえならなければ、駄洒落もユーモアのうちなのです。

　元アメリカ大統領クリントンさんは、抜群のプレゼンテーターでしたが、その秘訣はユーモアを多用して人を引き込んでいく術。会議などで場が硬ければ硬いほど、その効果は絶大です。僕自身も人を笑わせるのは得意ではありませんでしたが、とにかくネタをたくさん仕入れておいて、シーンとした時使うと、本当に場がこっちにくるのが実感できました。まずは身近な人から笑わせてみましょう。

[英文例]

"Do you think humor is really effective?"
　本当にユーモアには効き目があると思っているの？
"Yes, I do very much."
　ええ、すごく
"It's very improper for a meeting, isn't it?"
　会議中には、不謹慎じゃないの？
"Sometimes humor helps us win a job."
　時にはユーモアが功を奏して仕事をとるときだってあるさ

■コミュニケーションの処方箋

私は面白いタイプじゃないからといってあきらめない。ユーモアは訓練、エクササイズで身につきます。会議や会話が途切れたとき、駄洒落でいいから思い切ってチャレンジしてみましょう。場をコントロールする面白さにはまるはず。

2-4 Passion（パッション）

　いつも感情的にならず、冷静に物事に対処する人で

さえ、じぶんが勝負をかけるときには、周りの人が驚くほどの情熱を示す態度のこと。そのときのしあわせな表情は人を強烈にひきつける。

■解説

　ここぞの、がんばり。僕自身もたくさん経験がありますが、ややもすると悲壮感がただよい、苦行的なムードになってしまいます。でも、このパッションはそのまま訳すと情熱。情熱家といわれると、とてもポジティブな表情が思い浮かびます。一生懸命やっているけれど、人に与える印象は満足げでしあわせそう。ここが決定的に違います。十字架を背負ってがんばるのと、好きなことに打ち込んでいる感じ。そこからは、しあわせなオーラがいっぱい出ています。ファイターズの新庄選手は、ここぞで決めてくれますが、かならずハッピーな顔をしている。それだからこそ、しんどい時もうまくいってしまうのでしょう。

[英文例]

"Our boss told us we need passion in our work."
　仕事にパッションを持て、といわれてもねえ

"But I think the boss looks happy even when busy."

でも、ボスは忙しいときでもニコニコしているよね

"He knows passion sometimes can move a big rock."

ボスは情熱は岩をも動かすことがあることを知っているんだね

■コミュニケーションの処方箋

　土壇場の踏ん張り、火事場の馬鹿力。こう言ってしまうと、周りの人も声をかけられなくなる。ここぞ、というときほどアカルク打ち込む。情熱の達人はコミュニケーション力も熱い。

2-5 | Speak louder（スピーク・ラウダー）

　じぶんの声のボリュームを、30％－50％アップさせて話すことで、じぶんの意見や主張が自信に満ち溢れて聞こえるやりかたのこと。"大きいことはいいことだ"は、古今東西、永遠に不滅である。

■**解説**

　僕がガイジン・ワールドに入って気づいたことのひとつに、かれらはみんな声が大きいということでした。最初は、からだが大きいから声も大きいんだな、としか思っていませんでしたが、ある時、日本人とガイジンが交互にプレゼンテーションをしているのを見て、あ、と気づきました。ガイジンのほうが自信ありげで説得力を感じると。声が大きい分、その場にいる人みんなに伝わるし、なんだか微笑んでいるようにも見える。それに比べて日本人のほうは声が小さいし下を向く回数も多く、主張が伝わってこない。そんな風に見えました。僕自身、大きい声を出して言うことに慣れていませんでしたから、ちょっと気張りすぎの感はありましたが、たしかにみんなの視線を感じました。それが続くと声を出すことに慣れてきて、知らぬうちに姿勢までしゃきっとしてきたのを覚えています。いきなりはむずかしいようでしたら、歌でも狂言でも、芝居のセリフでもなんでもいいので、やりやすいことから始めてください。自信が出始めると、顔の表情まで変わってきます。

[英文例]

"Why do you speak in such a low voice?"
　どうしてそんな小さい声で言うんですか？
"I'm embarrassed to speak louder."
　大きい声で話すのはちょっと
"Speak louder, and you will sound confident."
　もっと大きい声で話すといい、自信があるように聞こえるから

■コミュニケーションの処方箋

　まずは大きい声をだしてみましょう。ほら、からだの力がぬけるでしょう。そうすれば、次の言葉がすんなりでてきます。これをやっていると、自然に声の抑揚がついてきて、しゃべりの名人になることうけあい。

2-6 Life is a journey (ライフ・イズ・ア・ジャーニー)

　人生は、仕事にしろプライベートにしろ楽しまなきゃ、という考え方。L.I.S.(Life is short)と対をなし、人生に起こるすべてをハッピー志向で受け入れている。

■解説

　仕事をしていて驚かされたのがこれ。それほど仲良くしているわけでもないのに、苦しそうに仕事をしているといきなり言われました。楽しめ、人生は旅のようなもの、明日どんな楽しいことに会うかもしれない、眉間にしわを寄せているとそれにも気づかないかもしれない、と。ちょっとカルチャーショックでした。仕事と人生をおなじ次元で考えている、できないなあ、と思いました。でも、仕事も明日おもしろいことがあると思えば、楽しくなるし、悪いことばかり考えていてもしょうがない。ほんとにそうでした。旅は行く先々で未知の物を知り、あたらしい感動に会うかもしれない。そう考えたら、一日一日が一瞬一瞬がものすごく貴重なものに思えてきました、ワクワクしてきました。"一期一会"じゃないけれど、毎日が旅なら、毎日違う人に出会える。毎日を面白がる、なんか楽しそうですね。

[英文例]

"Think, life is a journey."
　考えてごらんよ、人生は旅なんだ

"It looks hard to me."

　なんか大変そうだなあ

"But you can find fun things everyday."

　毎日面白いことがあるよ

"That makes me want to try as many things as possible."

　そう思ったら何事にもチャレンジしたくなってきたよ

■コミュニケーションの処方箋

　毎日が旅なら、仕事仲間も同じ船に乗り合わせた乗客のようなもの。そう思えば、たとえアクシデントがあっても、一緒に切り抜けられますよね。毎日を面白がる人、人気者になりそうです。

2-7 Keep smiling (キープ・スマイリング)

　笑っていると免疫細胞が活性化されるといわれるように、どんな局面に相対してもニコヤカにしていれば解決の糸口がみつかると信じるアカルイ姿勢のこと。対人コミュニケーションは著しく改善される。

■解説

　じぶんのことを改めて振り返ってみても、日本人＝無表情はつい納得してしまいます。たしかに電車に乗っていても笑っている人はいない。海外旅行をしたことがある人はおわかりだと思うけど、ガイジンはパブリックの場でも結構笑っている。たいしたことを話していないかもしれないけれど、なんだか幸せそう。こっちの頬もゆるんでしまいます。笑いは周りの人を巻き込む力があるし、なにより好感を持っていない人もこころのバリアーをはずしてしまうパワーがあります。

[英文例]

"Why do you always look sad?"
　なんで、いつも悲しそうにしてるの？
"I'm not sad."
　別にそんなことはありません
"Keep smiling, you look better that way."
　だったら笑って笑って、そうとってもチャーミングだよ

■コミュニケーションの処方箋

　ガイジンの意表をついてみましょう。まず初っ端からスマイル攻勢。かならず、お、ちがう日本人だなと感じて、こころをゆるくしてきます。そこが狙い目。笑う角には、ガイジン来る、です。スムース・コミュニケーションのポイントのひとつ。

❸ シンプルの法則
Simple

1番目に伝えたいことは何かを考える

"シンプル"ということばが、頭の中を支配していたときがありました。寝ても"シンプル"、会社に行っても"シンプル"。そのときの部門のガイジン上司は、人の顔を見るとこう切り出していました。

日本人にとっては、コミュニケーションにおいても、頭のよさにおいても、聖徳太子がひとつの基準になっています。彼が行ったといわれる、一説には10人の人の話を同時に聞いて、それぞれにちゃんと答える技。真偽のほどは定かではありませんが、複雑な回路を持った人＝天才、みたいな図式ができあがっていました。わた

しもそれに100％同意していたので、"シンプル？"状態の毎日でした。

"アイディアは1つに絞りなさい！"こう言われたのは、大きな新規獲得コンペのプレゼン3日前。通常、いろんな角度から検証して、プレゼンする広告アイディアはだいたい5案くらいが相場。相手のあることだし、何がヒットするかわからないので、幅広くぶつける。もちろん、おすすめの案はあるが、なにより勝つことが最大の目的と考えていました。

"なんで、全く違うアイディアを5案もプレゼンするのか？"

"当然、勝つためでしょう"

"もちろん、そうだよ。でも、聞く側の立場に立ってみるとどうだ？"

"いろいろ選択肢があって、満足するんじゃないですか"

"そうかなあ、何が彼らの問題を解決してくれるのか、焦点がボケてわかりにくいんじゃないか"

"それは彼らの問題でしょう"

"プレゼンに勝つかどうかは、彼らのこころを捕まえられるかどうかにかかっている。いろんなことを言われるより、シンプルに、ひとつのことを何度も言ったほうがこころに残ると思わないか"

"そう言われると、そうかもしれませんが"

腑に落ちないまま、ガイジン上司のアドバイスに従って、アイディアを1つに絞り込む作業にとりかかった。5つを1つにするのだから、悩みに悩んだ。でも、そのうちに共通することにも気がついたし、選んだ1つのアイディアは何が言いたいのかがわかりやすくなってきた。

　プレゼン当日は、いままでに味わったことがないくらい確信に満ちて話すことができたのを覚えています。コンペは見事勝利に終わったのだが、それ以上に得たものが大きかった。シンプルにすることは、相手以上にじぶんにとって大切でした。じぶんの中で整理がつくせいで、相手は当然わかりやすい。まさに、シンプル・コミュニケーション。

　考えてみれば、日本人はなぜか難しく言おうとする。それは学術的に見せようとするせいなのか、偉そうに見せたいのか、とにかくまわりくどい。そういっておいて、何が言いたいかというと、などと話が長くなる。これでは相手はわからない。伝えたいことを、絞りに絞って、できればひとつに。物足りない、伝え切れないと、最初は感じるかもしれませんが、まずはトライしてみましょう。

　40歳にして、シンプルから学んだことは、とてもシンプルなことでした。直球でズバッといけば、パーンと響く。シンプル、意外なほどコミュニケーションの武器に

なります。

3-1 | Make it simple （メーク・イット・シンプル）

　日本人にありがちな、いかに難問を解いていくかという学術的な態度を捨て、幼稚と思えるほど物事を単純化し、子供にでもわかるように話すこと、考えること。

■解説

　会うガイジン、会うガイジン、みんなこれを連発したのですが、そのときは僕なりにひとつの答えをもっていました。日本と違って欧米は、人種が入り乱れて言語、文化が多種多様。その結果として、間違いを最小限にするため、"物事をシンプルに"が生まれたのだ、日本人は大丈夫、と。ここまではよかったのですが、ガイジンのやりとりに限らず、インターネットのメールのやりとりでさえ、ミスコミだらけ。阿吽の呼吸もなにもなく、誤解の連続。それで思いついたのが、ガイジン流儀。とにかくシンプルに伝達するを心がけたら、ミスコミがなくなるだけでなくレスも早い。こんなところでグローバルの時代を実感してしまいました。要は、複雑な物言いをやめて、ア

タマをシンプルにして。

いつまでも複雑好きにはまっていると、相手がわからなくなるだけでなく、こっちもアタマが悪いと思われかねませんよ。

[英文例]

"Are you having any troubles?"
なにか問題でも？
"It's very difficult to solve."
いや、解決策が見つからなくて
"Make it simple. Then you will find the answer."
シンプルに考えれば、答えはおのずと浮かんでくるよ

■コミュニケーションの処方箋

"単純な奴"の価値が低かったのは昔の話。いまは、"こむずかしい人"がそれ。キーになることなら同じことを何度言ってもOK。昔、小学校の先生が噛んで言い聞かせたように、シンプルに話す。人気のある人は、話のわかりやすい人です。

3-2 | Single-minded (シングル・マインデッド)

とかく複雑、煩雑になりがちな仕事の中から、度胸を決めて"1つ"だけに絞込み、その他のことはひとまず忘れて取り組む仕事のやり方のこと。

■解説

シンプルが考え方だとすると、これは具体的なやり方。私もかなり重症ですが、欲張りな性格。あれもいいし、これもいい、といってどれも捨てられない。どうです、思い当たる節、あるでしょう。こうなると、たくさんのことを抱え込んでしまって、前にすすまない。最悪は、虻蜂取(あぶはち)らずで、どの仕事も結論が出ないまま、最後までやりとおせないままで終わってしまいます。これはガイジンから見ると最悪。物事を進められない人という烙印を押される。とにかく1つに絞込みさえすれば、チームやガイジンボスとの意見交換もしやすくなるはずです。

[英文例]

"What do you think the reasons are for the

success of the new campaign?"

新しいキャンペーンは、なぜ成功したと思う?

"I think it is the use of a famous celebrity."

有名人を起用したからでしょう

"No, I think it was because the message of the new campaign was single-minded."

いやそうは思わない、メッセージをシングルマインドに絞り込んだからだよ

■**コミュニケーションの処方箋**

"二兎を追うものは一兎も得ず"誰でも知っている諺ですが、なかなか実践できませんよね。まずは1つを選ぶ。そうすればいろんな人の意見が聞きやすい。そのプロセスをしてみて、うまくいかないようなら、次に移る。回り道のようで近道になるコミュニケーションの秘策。

3-3 | Key message (キー・メッセージ)

企画の趣旨、話の趣旨を明確にするための、ごくごく短い魔法ワードのこと。これができるかできないかで、コミュニケーション伝達力のスピードは半減する。

■**解説**

　もっと早くこれに気づいていれば。今にして思うことです。仕事の企画書にしろ、プレゼンテーションの原稿にしろ、会議中にしろ、長い、分厚い、だらだら。これがスムースさ、明快さを書いていた原因だったのです。１番言いたいことは何？　１番伝えたいことは何？　ガイジンボスからはこの連続でした。つまりじぶんの中で、核心は何かがはっきりしていなかったのでしょう。これが悪い意味での日本人の曖昧さ。それに気づいてからは、ボスをうまく利用できるようになりました。ほんとです。

[**英文例**]

"I don't understand your plan well."
　君の企画はよくわからないんだが
"I developed lots of ideas in it."
　たくさんアイディアはもりこんだんですが
"This plan lacks a key message. Please reconsider it."
　この企画にはキー・メッセージが抜けています、もう一度考え直してください

■コミュニケーションの処方箋

　たとえば愛犬の名前を考えるときには、絶対に覚えやすい、親しみやすい名前を考えますよね。そのときは、その犬の性格、特徴などをベースにして決めているはずです。あの感覚が近い。何回言っても、書いても、飽きない、いやにならない。これができたら、次は広告のキャッチコピーに挑戦です。

3-4 Summary （サマリー）

　長時間にわたる、だらけた会議の中からでも使えるものだけをピックアップして、簡潔につなぎ合わせた結論のこと。聞く能力が高い人はこれがうまい。

■解説

　ガイジンとの誤解で問題になることが多いのがこれ。私の経験においても、とにかく会議は長い、だらだら、ぐるぐる巡る。そうこうしているうちに、結論はなんだかわからなくなる。議事録のようなものはあるが、ただただ書き写しているようなもので、会議の成果が見えないものが

多い。そうすると、人によって結論の解釈が変わり次の会議の時は、悲惨なことになる。あるでしょう。要は何が大事で何がいらないかを理解する能力。会議の目的がはっきりわかっていれば、おのずと聞き方も変わってくるはずです。まとめる、というより何を見つけ出すか、ですね。

[英文例]

"I'm very tired."
疲れたね
"Then the meeting must have been productive."
でも、実りある会議でしたよ
"Why do you think so?"
どうして？
"Because the summary gave us unexpected insights."
サマリーには思わぬ発見があったからさ

■コミュニケーションの処方箋

なにより枝葉末節にこだわらないこと。今回の目的は何かがはっきりしていれば、大事なところは目的という磁

石に自然に吸い寄せられてくるはず。子供のころ、いろいろ言われたけど、こうすればいいんだなと心が勝手に思ったことを思い出してください。あれです。

3-5 | Briefing（ブリーフィング）

仕事を始める前に、頭の中を整理する儀式のこと。いかに1枚の紙に、やるべきこと、必要なことだけを書くことができるかで、それ以降の仕事のスムースさが決まる。

■解説

Summaryが途中のプロセスで大事なことだとすると、これはスタートでのポイント。どの会社でも仕事を始める前は、キックオフの打ち合わせをします。そのときには、指示書、オリエンシートのようなものが配られるはず。私がbriefingというものを知る前は、単なる顔合わせくらいにしか思っていませんでした。オリエンシートには、すべてのことがただ羅列されているだけで、何が重要か、全体像はどうなのか、全く見当もつかなかったからです。

ところがこのブリーフィングには、目的、全体像、大事にするディテールが簡潔に書かれていました。誰が見ても間違えようがないし、解釈の違いも生まれない。目からウロコとはこのこと。これをやってからは、悩んだときもここに立ち戻れるし、なによりボスからの質問にも答えられる。いまはこれなしでは仕事ができなくなりました。

[英文例]

"Who wrote this briefing sheet?"
　このブリーフィングは誰が書いたんだ？
"I did. What's the problem?"
　私ですが、何か問題でも？
"There's no problem. It's very crisp and comprehensive."
　そうじゃない、とても簡潔に書かれていてわかりやすい

■コミュニケーションの処方箋

　"始めよければすべてよし"これにつきます。面倒でも忙しくても始めはみんな必ず集まる。そして徹底的に意

見を言い合って、何が大事かを決める。そうすれば、ブリーフィングも書きやすいし、コンセンサスもとれるはず。みんなのアタマを一気に同じ方向に向ける。勝手な思い込みを回避する、そういう価値ある作業と思うべし。

④ ポジティブの法則
Positive

どーせ、からは何も生まれない

　これは僕の人生の転機になった出来事です。そのときクライアントだった、ある石油会社が南米縦断ラリーを主催することになり、そのための告知CMを撮りにペルーに行くことになりました。

　その当時のペルーは、フジモリ元大統領が初めて選挙に立候補し、まだまだ泡沫(ほうまつ)候補のレベルの頃。現地の情報は少なく、撮影会社も存在せず、さらに毎日ゲリラが事件を起こしているような、今から考えると恐ろしい状況でした。

　3週間強の長丁場でしたが、その中ほど、プカルパと

いうジャングル地帯での出来事です。日本から行った10人ほどのクルーは全員、あまりのすさまじさに、下痢、疲労、頭痛、あるカメラマンは急性盲腸炎を起こして入院してしまいました。その上、政情不安からくる身の危険。現地コーディネーター（といってもただのバイリンガルのツアーコーディネーター）でさえ、危険だからもう引き上げましょう、と泣きが入っていた頃です。

　次の撮影のために、2ヶ所ロケハンをしてホテルに戻ってきたところ、町の警察が登場。経緯を説明していると、それは危険だ、そんな場所は俺たちでさえ誰が住んでて、どんな状況かわからない、と告げられました。もう全員の気持ちは退却。撮って帰らなくても責任はないというムードに包まれました。

　そのとき部長らしき、ジョン・ベルーシ（ブルース・ブラザーズの）似の男が僕につぶやきました。"何かしに来たんだろ、神のご加護があるよ"

　一瞬、何のことかさっぱりわからなかったのですが、"どういうことだ？"ととりあえず聞きかえしました。"俺たちが守ってやるよ、ただし、お金は必要だがね"

　ピンときました。お金が欲しかったのか、でも考えようによっては、警護のための費用。悪いことを考えればきりがないが、きっとうまくいく、そのためには神様まで

使ってしまえ。そうだったのか、グラシアス（ありがとうのスペイン語）ベルーシ。

　そう心をきめてクルーを説得にかかったのですが、誰かが強く前向きになっていると、不思議なほど同調することがわかりました。みんなの気持ちがひとつになって、ラリーのギャラリー探しもみんな率先してやるようになりました。クルーの数が足りないので、順番にナビゲーター役になったり、スチールカメラマンがいなかったのであいている人が写真撮影したり。みんなの中に、ツーカーの気分がでてきたのです。

　結果は全員無事で、その後、CMもオンエアされました。

　ポジティブ。いまでは普通のことばになってしまいましたが、ほんとうにできているかは疑問です。いまだに、周りからは、どーせだめだろ、無理に決まってる、という声が聞こえてきます。でも、そういうことを誰だって聞きたいはずはありません。前向きにものごとをとらえられれば、仕事もコミュニケーションも変わってきます。

　そういう僕も、この劇的な出来事があってからは、ガイジン上司のもっとポジティブに、にもニコニコ返すことができましたし、逆にこっちのほうがポジティブに考えましょうよ、と意見することまでありました。これで僕の人生はがらっと変わりました。

4-1 Can-do （キャン・ドゥ）

どんなに答えや結果が見えていても、やる気がうせていても、"できるわけがない""やるだけ無駄"と思わず、"できる"と信じてトライしてみること。そういう態度を示すこと。

■解説

　このフレーズはイギリスのクライアントから学びました。ある宝石のCM試写のときです。

　登場している女性の表情が問題になりました。僕としては神秘的な美しい表情だと自信があったのですが、クライアントには悲しそうにしか見えないというのです。すぐさまそれは国民性の差だ、日本でオンエアする上では何も問題はない。と、反論しましたが、聞き入れてくれません。そういうディレクションで撮影しているので、違う表情はない。直すことはできないと何回も言ったし、超ネガティブ態度が現れていたのでしょう。そのときにそのクライアントが言ったことばが、"Can-do"でした。最初はできるできる、と命令しているのかと思いましたが、とにかく考えてみろ、ということに気づきました。違

う表情のカットがないなら、印象としてでも、悲しそうに見えないようにすることはできないか? そのほかには? 要は、決めつけないでトライしてみる態度。それだったのです。結果は、色の明るさ、トーンの改善、音楽の変更でクライアントの了承を得ることができました。

[英文例]

"This problem is impossible to solve."
　この問題は解決不能です
"How do you know?"
　どうしてそう思うんだ?
"I have experienced a similar case before."
　以前にも同じようなことがありましたから
"You should have a can-do attitude at all times."
　どんなときでも、できると思えばできるかもしれないじゃないか

■コミュニケーションの処方箋

"なせば成る"ちょっと古い言い方かもしれないけれど、じっとそこに留まっていては何も変わらない。行動を起

こさなければ、何も前にすすまない。たとえうまくいかなかったとしても、何か得るものがあるはず。転んでもただでは起きない、そういう人にはみんな耳を貸してくれます。

4-2 Positive (ポジティブ)

困難な状況に直面すればするほど、別の角度から問題を見ようとするアカルイ姿勢のこと。そういう人が1人いれば、チーム、職場全体もアカルクなる。

■解説

ガイジンから見た、日本人のイメージのベスト3、何だと思います。まじめ、くらい、はっきりものを言わない。次点にいるのが、"すぐにノーと言う"。新しく赴任してきた社長に相談されたことがあります。なんでみんなすぐに、"できない""日本は違う"ばっかり言うんだ。どいつもこいつも、とすっかり失望している様子でした。

そういわれてみると、僕とて、答えを先に出してしまって問題を解決しようとしていない。仕事でもネガティブ・チェックばかりしている。そこでハッと気づいたのが、

僕を含めて日本人は同じ民族が同じ島国にずっと住んでいる。だから知らないうちに見方が1つの方向からしか見ていない。それだ。それからはだいたいニコニコ。ポジティブとは、違った見方ができること、だとわかりました。

[英文例]

"Why is he always surrounded by many people?"
どうして彼の周りにはいつも人が集まってるの？
"Because he is always positive, I have never seen a Japanese person like him."
彼はとっても前向きなんだ、あんな日本人は珍しいよ
"So, that's the reason for his popularity."
それが彼の人気の秘密なんだね

■コミュニケーションの処方箋

子供は、怒られてもすぐにいやなことは忘れて、楽しいことを見つけてしまう天才。みんなもその才能、持っていたでしょ。難問はちょっと横に置いておいて、子供の目線でものを見る、おばあちゃんの視線でものを見る。

ポジティブ＝前向きとは、360度向きを実行してみることとみたり。

4-3 Motivation （モチベーション）

勝手にじぶんの能力や役割を決めてしまっていることをやめ、他人の領域に踏み込む勇気をもつこと。少し高い目標を定めることで、いままでにないエンジンが回り始める。

■解説

　ほとんどのガイジンボスは、仕事がうまくいくための最大のエネルギーはこれだと信じています。同じ会社に働いている以上、それほどの能力の差はなく、能力を引き出す差が、最終的な差になることを知っているのです。そのために、各種セミナーなどの勉強会、インセンティブ等のごほうびまで用意して、社員のモチベーションを高めようと躍起です。でも、そのことをじぶんの目的意識に変えないと、すべてはやりっぱなし。ハードルの高さをじぶんで決めて、じぶんで超えていく。そうすれば、モチベーションのエンジンも、F1並の高性能になっ

てきます。

[英文例]

"I worry that my staff members are not motivated in their work."
　部下がやる気がなくて困ってるんだ
"What do you think about sending your staff to the international workshop?"
　国際ワークショップに派遣してみるのはどうだい？
"That's a great idea. It will be effective in improving their motivation."
　そりゃ、いいアイディアだね、やる気が変わるかもしれない

■コミュニケーションの処方箋

　まずは義務感を目的感に変える。やりがいがないんだよ、と愚痴ばっかりいってないで、どの辺なら超えられる目標かを設定。それが超えられたら、その次。習い事でもスポーツでも長続きしているものがあったら、そのプロセスを思い出してみてください。そのやり方、

それがあなた流のモチベーションのあげ方。モチベーションが上がれば、人と話したくなるに決まってます。

4-4 Take the opportunity (テーク・ザ・オポチューニティ)

あとは野となれ山となれ、のようなギャンブル的チャンスの捉え方ではなく、調査、経験などに裏打ちされた絶好の機会をつかむこと。いつも前向きに仕事を考えていないと、機会がやってきたことにも気づかない。

■解説

僕自身も、チャンスはある意味、ギャンブル的なところがあるな、と思っていました。あるアイスクリームのクライアントのガイジンボスが大いなる決断をしたのです。それまで、何度もテレビCMの企画を調査にかけていました。ところが何度かけても、結果は最悪。どうにも出口の見えない状況でした。しかしそのガイジンは、しっかりその調査を見ていて、あることに気づいたのです。多くの消費者は、そのセクシーな企画の部分に過敏に反応していました。それは裏返せば、反応のたしかな証。そう読み取ったのです。今にして思えば、すごい。

彼の機会を捉えようとする前向きな気持ちがなかったら、いまのそのブランドの繁栄はありません。石橋をたたいているように見えて、実は、たしかな機会を狙っている。パンサーのような本能です。

[英文例]

"Have you ever considered why he is always successful?"
なぜ彼がいつも成功するのか、考えたことはありますか？

"No, I haven't."
いいえ

"He always takes the opportunity to do better."
彼はいつも絶好の機会を逃さないからなんです

■コミュニケーションの処方箋

　世界のホームランキング、王選手（第1回WBC優勝監督）は、異常に選球眼がよかった。微妙なコースをことごとく見送るので、最後は相手投手がじれて打ちやすいコースに投げてしまう。これです。じぶんの打てる的

(機会)への確信を持っているから、そこへくるまで待てる。絶好の機会と捉えるには、絶対的なじぶんの的が必要なわけです。あなたの的はある？

4-5 Active listening (アクティブ・リスニング)

　問題解決を図るとき、当事者に対して尋問のような質問をすることをやめ、前向きに話を聞く態度のこと。相手の気持ちを汲めるので、本音がひきだせる。

■解説

　僕自身、非常に苦手でした。仕事をしていて、人の話に口を挟まずに聞く。とうていできませんでした。どうしても、じぶんの決めつけた意見でその場を奪ってしまう。そうすると結局、主張の仕合いで解決などできやしない。そんなときに聞いたのがこれ。積極的に聞く？ なんだ、それ、おかしいよ、と僕の頭の中の僕が囁いていました。

　だまされたと思って、とにかく、相手の言っていることをよく聞く、論旨を聞く、しまいには感情まで聞く。そうすると、不思議に相手は想像以上に言い始めました。

ちゃんと聞かれていると思うと、うれしくなって進んでいろんなことを言うし、話している本人が論旨に気づいてくる。これが、前向きに聞くことだったわけです。

[英文例]

"I found that listening skills were very important."
聞くことがいかに重要かがわかりました
"Great!"
そりゃ、すばらしい
"Active listening allowed me to drag out his true intention."
アクティブ・リスニングによって、彼の本音がひきだせました
"Now we know what the problem was."
これで何が問題だったのかがはっきりしましたね

■コミュニケーションの処方箋

ちょっと思い出してみてください。じぶんが饒舌だったときのこと。相手は、先生、お医者さん、親友？ みんな、

眼を見て、ふんふん頷いて、ときには驚いたり。だったでしょう。とにかく相手をぜんぶ素直に受け止める。これができると、コミュニケーションのポイント高いですよ。

4-6 Risk taking (リスク・テーキング)

"石橋をたたいて渡る"という長年のやり方に鍵をかけ、人のやっていないことに挑戦する信念のこと。たとえ失敗したとしても、ボスや周りの人のあなたに対する見方が変わる。

■解説

"リスクをとりましょう"クライアントのそのひと言はとても新鮮に響きました。広告代理店の人間でさえ、前例のないもの、データの不足しているもの、業界の常識からはずれているものにはしり込みをします。それが当のクライアントから発されたので、最初は驚きましたが、"新しいことに挑戦する、と決めたのだから、いちいち口は出しません。結果も共有します。ただ、いい結果をめざしてできることは何でもやってください"こんなことは長年やっていてもお目にかかったことがなかったので、

なんだかジーンとしたし、なにより、やらねば、の気持ちが高まりました。歴史はこうやって変わってきたのだろう。誰もやらないことに誰かが挑戦する。大げさだけど、そんなことを感じた仕事でした。もちろんそのおかげで、そのブランドは一変しました。

[英文例]

"It may look like a risk-taking decision to try a new way."
新しいやり方にチャレンジするのは、危険だと思うんですが
"I don't think so. Before long it will prove right."
いやいや、いずれ、それが正しかった時期が来るよ

■コミュニケーションの処方箋

目の前に鬱蒼（うっそう）としたジャングルがあり、そこを切り開かなければ向こうにはいけない、としたらどうします？ しょうがないと、あきらめる？ 闇雲に突進する？ みんなとまずは相談する？ それは、あなたが変わりたいか、変わらなくてもいいや、で大きく変わる。変わりたいのなら、

危険を承知で進むしかない。でも、危険に立ち向かっていれば危険をかわしながら進むことを学ぶ。一度、切り開かれたジャングルは2度目にはもっと楽に進めるようになるはず。そうすれば、みんなもついてきます。

4-7 Life is short (ライフ・イズ・ショート)

すべてを前向きに捉える基本になっている生き方のこと。いまじぶんはどこにいて、いま何が問題で、いま何をやらなければならないか、すべてにおいて、いまを考える。

■解説

最初にこれを言われたのが、有名なフランス人芸術家。そのときは、あるCMの監督として会いました。僕より10歳ほど年上でしたが、見るからにスマートで、撮影の合間には縄跳びをしているほど。演技指導はじぶんで演じてみせる、それを見守る20歳以上若い彼女。その日の撮影が終わるのが待ちどうしく、終わった瞬間に質問していました。"何があなたを駆り立てているのですか？"その答えが"Life is short"。一瞬何のことか

わかりませんでした。それどころか、すごくネガティブに聞こえました。

　話しているうち、やっとその真意が、人生は、"いま"の連続でできているということにある、にたどり着きました。短いを前向きに捉えると、いまを精一杯生きるになる。そうだったのか。なんでも先送りになんかしてられない、そういう思いが強くなったのをいまでも覚えています。

[**英文例**]

"Why do you always look happy?"
　いつも楽しそうだけど、なんで？
"Because life is short."
　人生は短いからさ
"What?"
　え？
"That is why I enjoy each moment to the full."
　だから、いまこの瞬間を思いっきり楽しんでるんだ

■コミュニケーションの処方箋

　"一期一会"これ、こう解釈しましょう。いま会ってるこの人とはこの瞬間で最後かもしれない。そう思えば、その人と仕事をしているのなら精一杯しようと思うし、その人と酒を飲んでいるならめちゃ楽しくしようと思うはず。いまを楽しむ、その感覚がコミュニケーションの達人への道かもしれません。

Refresh

⑤リフレッシュの法則

休むと考えず、気分をリニューアルと考えよう

　40歳を過ぎた頃です。世間一般で言う、脂が乗り切った、働き盛り。昼夜の区別もなく、土日も関係なく、ただただ仕事ばっかりしていた時期です。7つものクライアントを抱え、今にして思えば、よくアタマが混乱しなかったものだと、われながら感心してしまいます。バッタのようにクライアントを次から次へととびはねていましたが、一番面倒くさかったのが、ガイジン上司へのレビュー。レビューは外資系ならどこでもあるものですが、企画のアイディアをプロセスに従って、何回も説明し了承を得るもの。駄目ならOKが出るまでレビューしなけれ

ばならない。プレゼンが迫っていようがお構いなし。

　クライアントへのプレゼンより時間がとられるので、超不平不満がたまりました。それでいながらある日、突然いなくなる。何事かと思ったら、休暇で国へ帰っている。なんという無責任、と怒りがこみあげ、戻ってきた時に覚悟の上で、上司を問い詰めました。

"こんな大事なときに、休むなんて信じられません"

"前から決めていたスケジュールだからね"

"日本人なら、そんなときは、スケジュールを変更します。だいたい、年末以外は休まないし"

"なぜ、日本人は休まないんだ？"

"なぜって、それが当たり前だし、休んだって1日くらいなものです"

"1日休んだ日はどうしてるんだ？"

"家で寝てるけど、明日から仕事をどう進めようかとか考えてますよ"

"だったら、休んだことにならないね"

"とにかく仕事優先でしょう"

"もちろん仕事は大事だ、でもその仕事のために休む、って考えたことはないか？"

"……"

"仕事が続いていて、視野が狭くなっている、と感じた

ことはないか？"

"そういわれると、出口が見えないことが時々ありますが"

"おなじことにどっぷりつかっていると、違った視点、考え方ができなくなる。そんなときは、その情報からいったん離れる必要がある、僕はそう思う"

"どういうことですか？"

"それらを横においてあたらしい角度から見直すんだが、これがむずかしい。だから、それこそ文字通り、仕事から離れるんだ"

"つまり、休む？"

"そうだよ、アタマのリフレッシュ。だから僕は年間を通して、休みをきめているんだ、しかもある程度長く"

"休みはアタマの休み"

"ところで、あなたはいつ休んだ？"

"長く休んだ記憶はありません"

"だったら、こんどじっくり休みをとりなさい。きっと役に立つから"

そういわれたものの、休んでいいものか、本当に役に立つのか、もやもやしていましたが、上司から催促され、半年後に3週間休みをとることに決めました。いまから考えると、半年後というのは、とても日本人的だったのですが、それくらい先ならみんなに根回しできるだろう、と

考えてのことでした。

　どうせなら、ということでヨーロッパ行き。そうなると、いろんな計画も立てるし調べるし、で知らぬまに違う脳を使っていました。僕自身驚いたのが、旅立ったその日から、仕事のことは何も考えていないじぶんがいたこと。まさに10年分のリフレッシュでした。

　リフレッシュ＝気分転換、知っているようで知らない、その効果。休むことに罪悪感を感じていたじぶんが嘘のように消えてなくなりました。

　ガイジンはこの効果を上手に利用しています。一生懸命働くことが美徳とされてきた日本人には、急にできないかもしれませんが、休む、と考えず気分を変えると考えると楽かもしれません。ニッチモサッチモいかない状況から抜け出すための、一策。

　この効用を身につけると、ガイジン相手だけでなく、仕事そのものにも緩急がついて、やわらかアタマをゲット。それが人とのやりとりにも、軽くステップを踏むように変える効果を生み出します。

5-1 | Fresh (フレッシュ)

生ものにも賞味期限があるように、"じぶん"という物

体にも使い時がある、という考え方のこと。ガイジン上司が、夏に1ヶ月も休みをとるのは、このことに気づいているから。夏はじぶんも腐りやすい。

■解説

　僕が嫌いだったのは、仕事帰りの酒場での愚痴大会。せっかくのうまい酒もこれでまずくなった経験が何度もあります。多くの人はこれをリフレッシュ法と思っているみたいですが、仕事の話しかしないので仕事の呪縛（じゅばく）からは逃れられません。で、次の朝も憂鬱で始まる。一方、ガイジンは朝は絶好調。アタマが新鮮なうちに、次々と仕事をこなしていきます。ガイジンは帰りが早いし、などといってだらだら遅くまで仕事をしていても効率はあがりません。マシンではないので、からだとアタマの鮮度を考えていないと、錆ついた人になってしまいます。

[**英文例**]

"Stop working overtime so much."
　残業ばかりしてないで、さっさと帰りなさい
"I still have lots of work."

まだ仕事がたくさん残っているので

"You should have a fresh mind and body to do a good job."

心もからだもフレッシュじゃないと、いい仕事はできないよ

■コミュニケーションの処方箋

月曜日に旬の人になる。目標はこれです。お、すっきりしてるね、という声がかかったらもちろん、と答えましょう。そのために週末は脳みそにシャワー。スポーツに熱中してるとき、温泉にドボンとつかるとき、映画に入り込んでるとき、他のこと考えてないでしょう。コミュニケーションにもリフレッシュが必要です。

5-2 Off-site meeting (オフサイト・ミーティング)

何かを大きく変えなければならないとき、スーツを脱ぎネクタイをはずし、郊外などにある場所を使ってやるミーティングのこと。気分転換しやすくなるので、**規制、上下関係、習慣**が破りやすくなる。

■**解説**

　これ、会社のがんじがらめのコミュニケーションを変えるきっかけになります。会社の会議はいわれてもいないのに、座る位置まで決まっていて、上司が言うまでいわない、反論しない。何のための会議か、疑問だらけでしょう。これでは、いいアイディアは生まれません。アメリカの大統領も、ときには外国首脳とキャンプデービットでカジュアルな格好をして会談する。あれです。場所も格好も変われば、上司の鎧も解けるでしょう。酒の上の無礼講ではありませんが、意外に、本音で語り合えたりします。

[**英文例**]

"We propose an off-site meeting next time."
　次回はオフサイト・ミーティングでやりませんか
"Why? It's OK to have a meeting in the office."
　なんでだ？ 会議なら会社でいいだろう
"It's needed to develop a mood in which bosses and subordinates can exchange opinions freely."
　上司部下が遠慮なく言えるムードをつくるには、必要

だと思います

■ **コミュニケーションの処方箋**

　海外旅行にでたときの気分です。かえって日本のよさが見えてきたり、意外に素直なじぶん、積極的なじぶんがいたりするでしょう。いつもの場所を離れるだけで、気分が変わって見方も新鮮になり、しゃべり方まで変わってしまう。非日常は役に立ちます。

5-3 | Home leave （ホーム・リーブ）

　家族に会うことが、じぶんを取り戻す、リセットする最大の機会であることを認識し、実行に移すこと。ガイジンが何度も長期休暇をとる理由。

■ **解説**

　ガイジンはほんとによく、Home leaveする。国を離れて仕事をしているからかもしれないが、海外赴任している日本人はそうでもない。違いは何だろう、と何回か考えたことがあります。まず、家族を愛しているから。これ

は日本人も同じ。もうひとつは、じぶんの原点が家族そして家族と暮らした土地にある、と思っているから。言われてみれば、日本人もそうだけどここまで意識したことはありません。でも、Home leave明けで帰ってきたガイジンはみんなスキッとして見えました。じぶんに1回戻ることで、リフレッシュしていたのです。ちょっとうらやましかった。そういう気持ちで故郷に帰ったら、ほんとにリセットされた気分になったのを覚えています。一石二鳥かもしれません。

[**英文例**]

"My foreign boss looks vivid whenever he is back from home leave. Why?"
　ボスはホーム・リーブから帰ってくるといつも生き生きしているんですけど、どうしてでしょうね？

"Because it must be good recreation. Home leave has such a benefit."
　いい気分転換になっているんじゃないの、ホーム・リーブにはそういう効果があるんですね

■コミュニケーションの処方箋

故郷に帰ったら、バリバリ、田舎弁でいきましょう。兎追いしあの山も、小鮒釣りしあの川もあるし、同級生もいる。仕事場とは180度違う。忘れていたじぶんらしさが、ひょっこり顔を出すかもしれません。

5-4 Take a rest (テーク・ア・レスト)

忙しい忙しいを連発して、じぶんを駆り立てることをひとまず止める勇気をもつこと。スパッと仕事をおき、休むことで見えてくるものがある。

■解説

僕も休み下手でした。休んでても仕事のことがアタマから離れないし、そのうち仕事をしだしている。そうしていても、結局、グルグル同じところを堂々巡りしているだけで、何ひとつ前にすすんでいない。それでも、休む＝サボる＝できない奴の構図がアタマから離れず、疲労だけが積み重なっていたような状態でした。

そんなとき、ガイジン上司からいわれたのがこれ。で

も休息をとれ、としか受け取らなかったので、大丈夫です、と答えました。すると、いきなり、カラオケに行くぞと強引に連行。言った先は、ガイジンだらけの英語カラオケ・バー。上司の歌は地獄のカラオケ、こんな音痴でよくやるよ、と思い、ビートルズの歌で口直し。そのうち勝手にマイクを握り続けていました。一息つくとその上司は、誰でもときどき立ち止まってみることが大事さ、と耳元で。それで、すべてがストーンと腑に落ちました。あーそうか、ふーと息をついて、まわりを見渡す余裕。休息の意味がはじめてわかったような気がしました。

[英文例]

"You look so tired. What you need to do now is take a rest."
疲れてそうだねぇ。君に今必要なのは休みをとることだよ

"But I am fully loaded and cannot afford to take a rest."
でも仕事がいっぱいあって休めないんです

"Being off work can sometimes lead you to new discoveries."

休むことで見えてくることもあるんだよ

■コミュニケーションの処方箋

　ぜんぜん違うことを考えているとき、ぜんぜん違うことを思いつくことがあるでしょう。あれです。もし、休み＝固定観念からの解放＝発想の転換、だとしたらどうです、休みがダイヤモンドのようにピカピカしたものに見えてきますよね。休み明けのトークがきっと楽しみに。

5-5 Take it easy （テーク・イット・イージー）

　難問を前にしたときほど、あせらず、のんきに構える態度のこと。肩の力が抜けて、難問がイージーに見えてきたりする。

■解説

　じぶんで鏡を見たことはありませんが、よく、恐そうな顔してるとか、眉間にしわを寄せて、といわれることがあります。上司の前にでたときとか、難問に直面したときとか、きっと肩に力がばりばり入っているのでしょう。

そんなとき、ガイジンは"Take it easy"こう声をかけてきます。気楽にとか、家にいるみたいにリラックスして、という意味でしょうが、それがなかなかうまくいかない。するとガイジンは、じぶんのほうから、クッキーを食べたりコーヒーを飲んだり。ジャケットを脱いで、うろうろ歩いたりします。もちろんこっちにもすすめる。すすめられるままに、食べたり飲んだりしていると、やっぱり力が抜けていくのを感じました。

　そうこうしているうちに、ため口で話しているじぶんに気づき、やられたという思いと、これがのんきに構える、だったのかと"Take it easy"を手に入れました。それ以後、このフレーズ、結構使えることにも気づきました。

[英文例]

"You look so nervous."
　ずいぶん緊張してるみたいだけど
"I'm OK."
　大丈夫です
"Take it easy, have a cup of coffee."
　コーヒーでも飲んで、落ち着いて

■コミュニケーションの処方箋

　じぶんが一番ラクになる姿勢を考えましょう。家でどうやってリラックスしているか、どうやって息抜きしているか。いざというとき、緊張しているとき、それをイメージして使えるようにする。それがいちばんのコミュニケーション・パワーになります。

Reward

⑥リウォードの法則

サンキューは最高のごほうび

　やっぱり、人に認められたかったんだ、と痛感したことがあります。まだ、中堅のコピーライターとして働いていたときのこと。そろそろクリエーターとしての自信もついてきたし、なにより、人は人、僕は僕の道を行くと、公言して憚らない性格だったので、他人の評価なんか気にしないふりをしていました。ま、つっぱりですね。その性格が災いして、あまりメジャーな仕事はまいこんできませんでした。

　そのときに与えられたのがある清涼飲料のCM。そのクライアントは気難しいし、パッとしないので誰もが敬

遠する仕事でした。案の定、なかなか決まらないし、挙句の果ては土日関係なしの、1日おきのプレゼン。クライアントの言うとおりにすると、今度はつまらないと言われるし、突飛なアイディアで攻めれば今度はよくわからないという。さすがに切れそうになったが一緒に組んでいるアートディレクターは温厚な先輩。周りの同僚も憐憫か同情、もしくは近寄らない。上司もまかせたから、といって放りっぱなし。ここまで見放されると、かえって漁師のDNAが疼き、やってやるともうひと踏ん張り。とうとう承認を取り付けました。でも達成感というよりはホッとしたのが実感で、あまりうれしくもありませんでした。

　その2日後、突然、社長に呼ばれました。社長とはちゃんと話したこともなかったので、なんだとちょっと緊張して社長室へ。

"おめでとう、よくやったね"

　こうきりだされて、一瞬なんのことだかわかりませんでした。

"タフなクライアントだけど、彼らは真剣にブランドのことを考えている。いいクライアントだよ"

"でも、みんな敬遠してますが"

"クライアントはとても評価していたよ、いいアイディアのために最後の最後までがんばったと"

"そんなことはまったく言ってませんでしたが"

　"いい議論ができて、いい企画ができた、それが彼らの望みだったんだ"

　なんだか照れくさいような、きつねにつままれたような気分が支配していました。それでもうれしくなって、社長室を出た後はニタニタしていたことでしょう。

　単純なことですが、一生懸命やったあとに褒められる、それはいい気分。実はどこかで人にちゃんと認めてほしいという気持ちがあったことに気づきました。

　それからは少しだけ素直になったおかげで、ガイジンの褒め上手に妙に感心。彼らは、ほんとうにすっと軽く褒める。その軽さが、褒められた人を明るくする。すごいな、褒める力って。悪い気がするわけないし、こっちが認められていると思うとそれだけ成長もする。それこそが、がんばった人へのごほうびだったのです。

　最近、定着し始めたコーチング。その人の持っている可能性を対話によって引きだす、という手法ですが、その中にもこの"相手のいいところを褒める"というスキルがあります。長所を伸ばす意味でいいことですが、それ以上に、相手に対して、じぶんに対して素直になる、というすばらしい利点があります。褒められることにうれしくなったら、こんどは褒める側に回りましょう。コミュ

ニケーションのグレードが1段あがります。

6-1 | Good job (グッド・ジョブ)

いわゆる"いい仕事してますね"的な、技を褒めているのではなく、たとえ結果がでなくても、がんばった人に対して、認めてあげる態度のこと。

■解説

僕も含めて、日本人は褒めるのが苦手。あら探しや欠点をつくほうが多いと思いませんか。照れくさいのと、褒めるときは最高の結果が出たとき、と考えているからでしょう。こうなると、出る杭は打たれる、ことを恐れてしまう。よく言われるようにこれでは能力が発揮できません。この方式になれた日本に、突然ガイジンがやってきて、Good jobを連発。ときには肩をたたいたり、ニコニコ顔で握手されたり。戸惑いつつもみんなうれしそうになっています。そんなときは思いっきり受け止めましょう、それがさらなる褒め言葉をもらうこつです。

[英文例]

"You did a really good job."
よくがんばったね
"But we lost the pitch."
でも、競合に負けたし
"No, I'm proud of your efforts."
いいや、きみのがんばりがうれしい

■コミュニケーションの処方箋

　褒められ上手になるために、まず2人でいいところを褒めあう練習。最初は照れくさいけれど、かならずいい気分になってきます。それができたら、上の人から部下へ褒め言葉をかける。そのときの相手の顔を見ていれば、褒める効果に自信がもてます。まず、朝一でチャレンジ。コミュニケーションが楽しくなってきます。

6-2 Well-done (ウェル・ダン)

　仕事が終わったら、即座にかける掛け声のこと。チーム意識、仲間意識を高めることができる、ピリオド的な

役割。

■**解説**

　これは、よくやったというより、お疲れさまに近いかもしれません。上から下へ、同僚同士で、ほんとうにポンポンでてきます。一緒に仕事をしている仲間への気づかい、というところでしょう。酒好きの僕なら、軽くいく？ そういうときもありますが、一日の軽いごほうび感覚で使っています。とはいえそこはガイジン、肩をバシッと叩いたり、抱きついたりすることもあるので、勘違いしないように。一日の締めはきちんとすれば、明日につながるということです。

[**英文例**]

"**Well-done folks!**"
　みんな、お疲れ！
"**Let's go out for a drink today!**"
　今日はパッと飲みに行こうぜ
"**Forget about business.**"
　仕事を忘れて

■コミュニケーションの処方箋

　おはようございます、おつかれさま、をちゃんと励行しただけで会社のムードが変わった、という例を聞いたことがあります。つまりはきちんと相手を見てコミュニケーションしよう、ということ。このガイジン流のちょっとおおげさなら、かえってやれるかもしれません。

6-3 | I appreciate you （アイ・アプリーシエート・ユー）

　部下、同僚、たとえ上司でも、人を上手に使うための、知的レベルと誠実さを感じさせる感謝の気持ちのこと。単純なサンキューよりも、相手への効果が大きい。

■解説

　これは、相手を認めるGood jobとは違い、じぶんの感謝の気持ちをきちんと表明すること。相手が忙しい中、じぶんの呼びかけに応えてきてくれた、会議に参加してくれたときなどに使われますが、これを言われると相手がほんとうに喜んでくれている、応えてよかったという気

持ちにさせてくれます。これを知るまでの僕は、感謝を言いそびれて、心の中で感謝しているといった、ひとりよがりな思いに酔っていましたが、きちんと表明することの大事さをあらためて痛感させられました。

[英文例]

"Here I am."
来ましたよ

"I appreciate you taking time out of your hectic schedule to participate in this meeting."
この会議に参加してくれてほんとうにありがとう、忙しい中を調整までしてくれて

■コミュニケーションの処方箋

まず、僕の気持ちはわかっているだろう、という勝手な解釈はやめる。相手が先約まで調整してやってきたら、誠実にほんとうに助かったという気持ちを表しましょう。これがお互いの信頼感をさらに増します。コミュニケーションの基本は、感謝です。

6-4 | Encourage (エンカレッジ)

仕事にうんざりして、やる気を喪失しているとき、目の前がパッと明るくなるようなひと言で勇気づける態度のこと。

■解説

いくつキャッチコピーを書いてもOKの出ない時がありました。クライアントへの批判の気持ちと、じぶんの能力への不信とが入り混じって出口がまったく見えない状態に陥っていました。日本に上陸したアイスクリームの仕事です。知名度を上げる、品質感を伝える、おとなの雰囲気を出す、期待されていることがありすぎて、正直参っていました。

"何に迷っているんだ？"

ガイジン上司はそう尋ねてきました。

"1つに集約できずに困っています"

"だったら、1つのことを書けばいいじゃないか"

"でも伝えることがたくさんあるし"

"私は日本語はわからないが、あなたのコピーからは感情が伝わってきて好きだよ。それでいいと思うがね"

もちろんそれですべてが解決したわけではありませんでしたが、じぶんの大事にしていたことを褒められて、自信が戻ってきたのを覚えています。

　おだてられる、のせられる、言葉はよくありませんが、うまく肝をつかまれるとじぶんのエンジンが再点火するんだな、と肌で感じました。もう、サンキューでした。

[**英文例**]

"What were the keys to the success of this project?"
　何がこのプロジェクトの成功要因でしたか？
"It was my boss's remark. It encouraged me very much."
　上司のひと言でしたね、そのおかげで勇気が出ました
"Oh, it was the first step to success."
　それが成功の第1歩だったんですね

■ **コミュニケーションの処方箋**

　ただただガンバレ、ではかなり落ち込んだ人を救いあげるのはむずかしい。失敗やまずいところには目をつ

ぶって、ナイスなポイントを褒めましょう。それもとっておきの笑顔で。

妙に気を使いすぎず、いわゆるひとつの長嶋流コミュニケーションですね。

6-5 Win-win （ウィン・ウィン）

手柄の独り占め、独り勝ちのようなやり方をやめ、携わったみんな、仕事のパートナー双方が"やったね"と握手できるような仕事のやり方を大事にする姿勢。

■解説

外国企業というと、相手を倒してじぶんたちがいかに生き延びるかしか考えていない、そういうイメージがありました。でもある頃から、この言葉をよく耳にするようになり、なんだか日本に近づいてきた、いよいよ日本の出番かと楽観していました。言ってみれば共存という考え方ですが、ただ手を一緒につないでいく、というものとは違っていました。まず相手を研究しつくす、そのうえで相手が尊重するに値すると見極めたら、褒め称え手をつなぐ。それによって、お互いフルに力を出し合っ

て、2のところを、3にも4にもしていって、お互いが勝者になる。これはほんとうにすごい。1人でできないことが、2人ならチームなら可能になるのですから。このことがわかってからは、ほんとうのチームワークがわかったような気がしました。

[英文例]

"It's a tough time to survive in today."
生き残るのは難しい時代だね
"What type of the company can survive?"
どんな会社が生き残るんだろう？
"Companies aiming at win-win relationships can."
ウィン・ウィンを目指す会社だけじゃないかな

■コミュニケーションの処方箋

まずはパートナー探しからはじめましょう。じぶんとうまくいきそうな人。そのためには相手のことをよく知る必要がある、そしていいところを賞賛する。そうすれば相手も同じことをしてきます。こうして1人2人とやっていく

うちに、たくさんの人とウィン・ウィンができるようになります。2人3脚ならぬ、2人8脚なんてことも。まさにコミュニケーションの輪。

6-6 Make sense (メーク・センス)

提案された企画に対して、受容し議論の扉をあける姿勢のこと。どんな突飛なアイディアであっても、その論旨が明快だと、受け入れられる可能性が高まる。

■解説

なんとなく面白そうな企画でしょう、とガイジンボスに説明して何度痛い目にあったことか。もちろんガイジンもユニークなことは大好き。でも、目的達成のために、その企画の論旨が通っているかどうか、それを彼らは最重要視します。当たり前だけど、的に当たらないようではどんなに突飛な企画でも無意味。しかしガイジンにわかりにくい企画でも、論旨さえしっかり説明すれば、Make senseが帰ってきます。これがスタートライン。わからないなりに彼らも可能性を感じると、認めてくれます。そうなれば、やる気もわいてきます。

[英文例]

"What do you think about my idea?"
このアイディア、どう思いますか？
"It's off-the-wall, but makes sense."
とても変わってるけど、論旨はしっかりしているよ
"It's worth pursuing, isn't it?"
じゃあ、追求する価値があるんですね

■コミュニケーションの処方箋

　まず、日本的なあいまいな説明はやめる。目的と結論をはっきりさせ、とにかくシンプルに。できたら長くても1枚にまとめておく。そうすれば、じぶんの考えをわかりやすく相手に伝えられる。この訓練をしておけば、相手の企画にもMake senseが出せるようになります。

6-7 Look nice （ルック・ナイス）

　洋服や髪型など、ヴィジュアル面での変化を見逃さず、相手への関心を伝える態度のこと。コミュニケーションのきっかけになりやすい。

■**解説**

　僕はちょっと変わった洋服が好きなので、ガイジンにとってはいい標的だったのかもしれません。ネクタイがプリントされたシャツとか、着物柄のTシャツとか着ていると、まず100％Look niceと声をかけられます。ある意味では狙いなので、ナイスかどうかじぶんでもあやしいのですが、悪い気はしない。それを発端に話が弾むし、仕事にまで及ぶこともざら。でもちょっと気をつけて見ていると、結構普通の人にもlook niceを連発している。ガイジンは外見に結構注意深いのかもしれない。ちょっとの違いに気づかれると、わたしのこと、ちゃんと見てくれている、そういう気持ちが強くなります。これがガイジン流コミュニケーション。役に立ちます。

[英文例]

"Oh, you look nice. Where did you buy that?"
　かっこいいね、それどこで買ったの？
"Thank you, in Aoyama. By the way, do you have any plans for this weekend?"
　ありがとう、青山でね。ところで今週末あいてる？

"No, not at this time."
いまのところ何もないよ

■コミュニケーションの処方箋

　恋をし始めた頃は、些細な変化に敏感ですよね。あの観察力。いつも相手をちゃんと見て話していれば、そんなにむずかしくはありません。まず先手を取って褒める。そうすれば次回は相手がそう言ってくるはずです。褒められて悪い気になる人はいませんから。褒めて褒められコミュニケーション。

Innovation

①イノベーションの法則

変わることが、人生のたのしみ

　外資系で働いている人の悩みのひとつは、ガイジン社長やガイジン上司が替わったときです。彼らのほとんどは、いままでの路線を継承せず、じぶんのやり方を突きつけてきます。僕も何度も味わいました。ガイジンは任期年数が決まっているので、その間に、じぶんなりの実績を上げて帰りたいんだろう、多くの日本人スタッフはこう思っていました。

　あるとき、あたらしいガイジン社長がやってきて、キーメンバーを集めこう話し始めました。

　"私はこの会社を180度変えようと思っている"

ざわざわという空気が流れ、年長の営業はこう質問しました。

"反論するわけではありませんが、会社の業績、内容は悪くありません。なぜ、変える必要があるのですか？"

"たしかに目標にはミートしているし、おもしろいキャンペーンもある。しかし、考えてみなさい、競合のA社とどう違うんだ？"

"A社とは、抜きつ抜かれつのしのぎを削っている永遠のライバルです"

"それで満足か？ もっと高い望みはないのか？ 私はこの2ヶ月社員を見ていて、この会社にはポテンシャルがあると感じた。ここは日本だ、いつまでも、本部の支社であっていいはずがない。日本独自のやり方をするべきだと思う、どうだ？"

"それができるにこしたことはないですが"

"だったら、同じことはやめよう。これからはすべての部署のヘッドは、ガイジンと日本人の2人制にする。それが、あたらしい外資系になる可能性を秘めている。どうだ？"

　全員、考えたこともなかったので、返事のしようもなかったが、なんだか、変わりそうな予感だけはしました。彼の考えのベースにあったのは、"人間は何のために生きているのか"という問い。その答えが、"新しいものに

出会う"。これは強烈ですが、とても影響をうけました。常に新しいものを探し続け、変化をいとわない。まさに、革新。これが身についているので、ほんとうにポンポンと"変化"が口をついて出てきました。おかげで、こっちも変化が日常的になり、変幻自在のやりとりができるようになりました。

　この、新しいものに出会うは、人生の哲学でもあり、日々の生きる態度でもあるのですが、ガイジンとのコミュニケーションをする上で、絶対に欠かせない要素でした。彼らにとっては、これが仕事をする、人と接するときのベース。この価値観を理解しないで話をすると、誤解ばかりが生じたものです。

　まずは彼らの土俵に上がる、そうすれば彼らもこっちの畳に上がってくれる。深いところでつながっているコミュニケーションは強い。そう思ってください。ガイジンとのコミュニケーションのハードルは高いのですが、それを超えようとすれば、もっと低いハードルは簡単に超えられるようになります。

7-1 Breakthrough （ブレークスルー）

仕事がこう着状態に陥ったとき、鳴くまで待とうホトト

ギス的待ちの姿勢や、危険を冒さない態度をやめ、現状打破のため突飛なことをする度胸のこと。

■解説

　文字通り、壁をぶち破る。ガイジンの大好きなことばのひとつです。それだけ歴史的に体制や文化の壁が多かったのでしょうが、日本に来てそれを再び感じているのかもしれません。でも、それを感じているのは日本人もおなじ。常識、固定観念、前例主義、既成概念。ほら、四方壁だらけでしょう。失敗したくない、責任を取りたくない、でもどこかで変わらないとまずいよな、と思っています。僕自身もこのことばに出会ってからは、Breakthroughのとりこ。会う人ごとに連発しました。その効果か、彼はチャレンジャー、というイメージがみんなの中にできて、突飛なことを話しても眉をひそめたりされなくなりました。おかげで仕事がおもしろくなってきました。

[英文例]

"Neither internal nor external resources give us a clue."

社内外を見渡しても救いがなさそうだ

"How do we fix it?"

　どうしましょうか？

"We need a real breakthrough to overcome the problem."

　この事態を突破するには、とんでもないアイディアが必要だ

■コミュニケーションの処方箋

　どんなにうまくいっていても、現状に満足していると、すでにほころびは始まっている。そういう現状認識。危ないところは思いきって壊して、次を作り始める。この考え方が身につくと、頑な議論の仕方からも解放されます。

7-2 From scratch （フロム・スクラッチ）

　せっかくここまでやってきたのだから、**何とかならないかという未練をたちきり、一から出直しする勇気**のこと。

■解説

　結果はもちろん大事ですが、プロセスはとても重要と思っていました。それがいきなりの、ご破算で願いましては。怒りというよりショックでした。クルマの新規競合プレのときです。
　"まだ3日ある、戦略に立ち戻って考え直してみよう"
　こう社長が宣言しました。
　"それじゃ、間に合わないし、いままでやってきたのが無駄になります"
　"だが、いまの企画では勝つ見込みがない、それなら振りだしに戻るべきだ"
　あまりに大胆な提案で、経験もなく、意気消沈したのを覚えています。しかし、やめるわけにもいかず、再スタート。ところが、ゼロから始めるといっても、すでに情報は入っているので、余計なディテールにふりまわされず、違う角度から捉えることができました。これは意外な発見。ガイジンにとっては、いい結果のために近道しようが遠回りしようがいいのです。思わぬアイディアがふって湧いてきます。

[英文例]

"We need to change the perspective."
別な視点から見てみる必要がありそうだ
"But we have been working on it for a long time."
でも、時間をかけてやってきたじゃないですか
"Why don't we start again from scratch?"
一からやり直してみようじゃないか

■コミュニケーションの処方箋

　これ、みんなやってます。年初の出直し。きれいさっぱり白紙に戻して、新しいじぶんに挑戦する。あの感覚です。何事も続けていれば行き詰る、そしたらまた出直し。これを繰り返していれば、必ず答えが浮かんできます。凍りついた議論を繰り返すより、コミュニケーションのリセット。

7-3 Out-of-box （アウト・オブ・ボックス）

　井の中の蛙に甘んじることなく、業界、社会の常識から抜け出すことで、全く新しいアイディアを生み出そうと

する意気込みのこと。

■解説

　僕のガイジン上司はこのことばがお気に入りでした。最初は、箱の外って何だ、大きなアイディアを出せということかな、と受け取っていました。何回か話しているうちに、日本でいう井の中の蛙か。それだと、常識的なアイディアしか生まれない、そういうことだったんだ、と理解することができました。歩きながら音楽が聴けるなんてありえない、と思っていたらウォークマンは生まれなかっただろうし、それならいまのi-podも存在していない。こんなことができればいいなあ、こんなものがあればいいなあ、そんな夢みたいなことをマジに考えること。それが箱から飛び出す。ガイジンは簡単なことばでいいこと言いますね。

[英文例]

"I cannot solve the problem."
　この問題は解決できません

"You were thinking along the same lines as

always. Change tracks by out-of-box thinking."

　ずっと同じ土俵で考えすぎている、とんでもない所から発想してみたまえ

■コミュニケーションの処方箋

　ドラえもんのポケットですね。あれがあればいいな、こんなことができればいいな、子供の頃はなんでもできるって信じてましたよね。子供の脳みそで、夢想家になってみる。面白い人だねっていわれて、他人に刺激を与えるコミュニケーターになりますよ、きっと。

7-4 Discriminator (ディスクリミネーター)

じぶんは人とどう違うか、人より何ができるかを見つめなおし、それをアピールポイントとして明確に認識すること。

＊注　この言葉は、広告、マーケティング業界での使われ方です。一般的には、Differenceですが、それだと意味が広くなりすぎるので、あえてこの言葉を選びました。単に違うというより、違うポイントつまり差別化できることは何か、という意味です。

■**解説**

　日本人とガイジンの比較を研究するビデオをつくることがありました。その中でもっともおもしろかったのが、突然カメラの前で、じぶんをアピールしてください、といわれたときのこと。ほとんどの日本人は、え、自己アピール、といったまま、黙り込む人、悩む人、名前・出身地しか言わない人、ただ笑ってしまう人。一方、ガイジン・グループは、驚きもせず、カヌーが好きで学校では人類学を専攻し、政治的には民主党かな、などとすらすら話し出す。ビデオをつくる側としては面白かったのですが、さて、じぶんはと考えてみるとちょっとやばいな、というのが本音でした。

　この"違い"というものにきちんと向き合ってこなかったのかもしれません。しかし、ガイジンボスからは、違いが強烈に要求される。異分子のぶつかりあいから抜け出す歴史を繰り返してきた西欧にとっては日常的だったのかもしれませんが、すぐには馴染めませんでした。それでも、この違いをアタマの片隅におくようになってからは、ガイジンへの説得の仕方もうまくなってきました。

[英文例]

"Do you know what your strong points are?"
あなたの長所を知っていますか
"No, I don't."
いえ
"Knowing what your own discriminator is improves your business competency."
じぶんの差別化ポイントを知ることは、仕事の能力を高めることにもなるのですよ

■コミュニケーションの処方箋

　まずあなたへの質問。あなたはじぶんのことが大好きですか？イエスと答えた人にアドバイスはいらないでしょう。ノーと答えた人に。じぶんのいいところと、こうなるといいなあというところをできるだけたくさん書き出してください。結構いいところあるでしょう。それをじぶんの違いとして好きになる。それが堂々とじぶんを発揮できるコツ、じぶん流コミュニケーションを身につけるコツ。

7-5 | Idea (アイディア)

誰も考えつかないことを生み出すことと思わず、知っていることだが無関係に見えるもの同士を結びつける勇気のこと。

■解説

僕が長い間働いていたJWトンプソン(現JWT)の偉大な広告マンの1人に、ジェームズ・W・ヤングという人がいます。彼が言ったことばに僕の目からウロコが何枚も落ちました。"アイディアとは、既存の要素のあたらしい組み合わせだ"(『アイデアのつくり方』)

それまでは、なんとか見たこともないアイディアを出そう、出そうと苦悩、挫折の連続で、じぶんには才能がないんじゃないか、と疑心暗鬼になることもありました。それが晴天の霹靂(へきれき)。知っていることからあたらしいアイディアが生まれる、無関係に見えたものを結びつけるだけで。それからの僕は、違う業界、カテゴリーに注意を向けるようになりました。それはとても刺激的で、世の中、アイディアの宝庫だ、を実感しました。こうなるとガイジンのアイディアは何だ? にも、アイディアはこうだ、と自信を

持って答えられるようになりました。

[英文例]

"Do you have a big idea?"
　いいアイディアはできたかい？
"No, I don't."
　いいえ
"Don't think in such a complicated way."
　そんなに難しく考えないほうがいいよ
"Anything can inspire great ideas."
　アイディアはどこにでも転がってるから

■コミュニケーションの処方箋

　アイディアはすべての人が生み出せる、そう自信を持ちましょう。そのためにいろんな業界の友達を作る。で、たくさんのことを聞く、見る、聞く。そうしていれば手持ちのカードが増え、組み合わせの可能性も広がります。子供の時はそこらにあるものを勝手に組み合わせて遊んでたでしょう、あの感覚です。まずは、アイディアはコミュニケーションから生まれる、と信じること。

Clear
⑧ クリアの法則

曖昧をやめ明快を愛そう

　とにかく曖昧にしない、はっきりしないうちに先送りにしない、これはガイジンと仕事をしたことで得られたコミュニケーションの秘訣でした。クライアントに気を使うあまり、イエスかノーかハッキリしないままに終わると、みんなの解釈が違う。こういうことはよくありました。

　ダイヤモンドの品質啓蒙キャンペーンを開発していたときです。イギリスのクライアントの大ボスが来日してプレゼンが行われました。出席できませんでしたが、営業からのフィードバックを聞くとどうにもハッキリしません。書いたコピーを駄目とも言わない、かといってOKかと思

うと、クライアントの書いたコピーもいれてくれ、という。何をどうして欲しいのかわからないので、こうなったら直談判だ、とその夜のクライアント・ディナーに乱入しました。

"僕の書いたコピーは駄目なんですか?"

"摩周湖の透明度って、俺には何だかわからない。もっとストレートに、「ダイヤモンドは4Cを基準に選びましょう」でいいじゃないか。"(＊4Cとは、ダイヤモンドの品質を表す、カラット、カラー、カット、クラリティ)

"ダイヤモンドは神秘的だからこそ価値があるのではないですか?"

"もちろんそうだ、工業製品ではないからな"

"だから、日本人にとっての神秘的なたとえを使っているんです"

"じゃあ、両方入れたらどうだ?"

"それでは神秘的なムードはこわれます。あなたの国にだって、シェイクスピアがいるじゃないですか、彼はそんなことをすると思いますか?"

"そうだな"

"言葉は深い感情を伝える道具でしょう?"

"よし、じゃあシェイクスピア・コピーということでOKだ"

"ありがとうございます"

そう感謝しているとき、大ボスは紙ナプキンに、シェイクスピア・コピーOKと書き、じぶんのサインをして私にくれました。

　次の日、疑う営業にそれを見せると納得。誰にも疑いのないような答えは、全員のコンセンサスが得られるし、なによりスムースに前にすすむ。この事件は、私に物事をクリアにするコミュニケーションの大事さを教えてくれました。

　ガイジンにとっては、イエス、ノーをはっきりさせるのは当たり前のことでしょう。でも、ふりかえってみれば、僕たちの会話には、なんとも曖昧なことがおおい。それが誤解の元になっています。ガイジン、日本人にかぎらずクリアにすることは、コミュニケーションの基本中の基本。いいことは、さっと、真似て学ぶ、ことにしましょう。

8-1 Priority (プライオリティー)

　あれもできます、これもできます、となんでも引きうける体質を改め、今できること、今しなければならないことの順番を明確につけて、1つずつ取り組む姿勢のこと。

■解説

　これは僕の苦手中の苦手でした。欲張りといえばそれまでですが、同時にたくさんのことをしたがる。やっているうちにまた別なことがしたくなる。そのうち収集がつかなくなって、どれも達成しきれずに終わってしまう、この連続でした。
　そこへいくとガイジンはまったくそんなことをしません。同時に複数のことができないんじゃないか、と思うほど物事をシンプルに扱う。だから会議でたくさんのアクションがでてきても、じゃあ、どれからやりますか、どれが最もいま大事ですか、とスイスイ順番を決めていきます。とりあえず上司の指示だしとやってみると、目の前のことに集中できるので、仕事のスピードが速くなります。優先順位を決める、これ効率のことだったんですね。

[英文例]

"I don't know what I should do first."
　何から手をつけていいのか、わからないのですが
"Try and think of what you want to do most."
　何がいちばんしたいかを考えてみようよ

"Then you will see the priority of the project."
おのずと優先順位はきまってくるよ

■コミュニケーションの処方箋

　目の前にご馳走が10皿でてきたらどうします？　おいしそうな順番で食べるか、おいしそうなものは後に回すか、人や世代によって違うと思います。でもここはおいしい順に。もし食べきれなくても、おいしいものを食べるという目標は達成できますからね。このやり方を身につければ、話し方の順番も自然においしいものから話せるようになります。

8-2 Concept (コンセプト)

　仕事のディテール、直面する現実に走る前に、この企画で成し遂げたいことは何かを短い文章で明快にすること。じぶんの考えが誤解なく伝わる。

■解説

　ガイジンボスから、この仕事でどんなことがしたいか、

言ってみなさい、といわれたことがあります。誰もやったことがないこと、みんなをびっくりさせたい、ガイジンの監督と仕事がしてみたいなど、とりとめもなく話しました。で、何がしたいんだ？ もういちど尋ねられました。え、と思いましたが、所詮ガイジンにはわかりっこないさ、と勝手に決め込んでいました。

　次の日、その仕事は別のコピーライターにまわされていました。

"なぜですか？ 僕は昨日やりたいことを伝えたはずですが"

"いや、君にはやりたいことがなさそうだったからね"

　その後、人づてに担当のライターが言ったことを聞かされました。

"世界共通で使われるコピーが書きたい"

　単純明快。いいか悪いかは別にして相手に伝わる。これがコンセプトだったのです。簡潔にじぶんの考えをことばにする、たくさんのことをもたらしてくれる魔法の杖。思い知らされました。

[英文例]

"How is my concept?"

今度のコンセプトはどうですか？

"It's crisp and great. Go on and develop it into a detailed plan."

わかりやすくて、すごい。詳細なプランをすすめてくれ

■コミュニケーションの処方箋

コンセプト。言葉だけはみんなが知っているようになりましたが、説明する時に、核心に触れずまわりをグルグル回っている人が多いようです。それは、客観的に捉えようとして、逆に失敗している。だったら、この企画はすごいんです、という感情をストレートに伝えましょう。ラブレターの1行目のように、スパッと書けるはずです。

8-3 Are you with me? (アー・ユー・ウィズ・ミー)

話をしていて、反応が薄い、聞いていない、理解していないと感じたとき、投げかける確認をとるための呼びかけのこと。

■解説

　僕もいつも思うのですが、会議や議論をしていても、日本人は反応が薄い。面白いのか、つまんないのか、もっとハッキリしろ、と思うことがしょっちゅうです。ところがガイジンはそんな日本人の性質を知らないからか、決まってこれ。ときには大声で、ときには静かに、使い分けています。僕はこのフレーズ好きですね。ただ、聞いてるのか！と一方的じゃないし。あなたは私と一緒ですか？　そういう意味じゃないけど、双方向のコミュニケーションをしている感じがいい。これだと、ちゃんと聞かないとね、と思ってしまいます。確認するにも一緒なんだと思わせる、これには学ぶところがいっぱいですね。

[英文例]

"Are you with me?"
　わかってる？
"I'm sorry, I'm preoccupied today."
　ごめん、今日はちょっと気になることがあって
"It's OK, take a rest."
　じゃあ、ちょっと休んでたら

■コミュニケーションの処方箋

部活をしていた頃を思い出してみてください。メンバーのひとりが、上の空だったりしたら、その子がちゃんと練習に入れるように、待ったり、話を聞いたりして、一緒の気分を大事にしたでしょう。あの感じでやってみましょう、いいコンセンサスがとれますよ。

8-4 Debate (ディベート)

上司が言った意見に少しでも疑問を感じたら、じぶんの意見を飲み込まず、徹底的にしかも対等に意見を戦わす姿勢のこと。

■解説

アメリカ大統領選挙では何回か見たことがあります。1対1でじぶんの意見を戦わせ、相手を打ち負かす。でも、僕が仕事の上で知ったDebateはちょっと解釈が違います。ガイジンは小さい頃からじぶんを主張することには慣れているので、どんどん議論を仕掛けてきます。ところが日本人は、対等の立場でさえ意見をあまり戦わ

すことがありません、それが、ガイジン上司となったらもうお手上げ。ただじぶんの意見を飲み込むだけになってしまいます。とはいえ、上司にとっても、ここはよその国。何事にも絶対の自信はありません。だからこそじぶんの意見が正しいかどうかを知りたい。それが事実だったのです。それを知ってからは、黙っていることは欺いていること、間違った情報を与えること、と肝に銘じました。そのおかげで、僕もすこしDebate上手になったようです。

[**英文例**]

"You should not talk behind people's backs."
　陰で批判してもなんにもならないよ
"But I cannot say it to his face."
　でも、言えないよ
"You can make yourself understood by debating outright."
　正面きってディベートしてごらんよ、わかってもらえると思うな

■コミュニケーションの処方箋

　これは勝負ではありません。相互理解をクリアにするもの。じぶんのコメントや意見だけを言うのではなく、相手にどんどん質問してみてください。できたら、5W1Hで。子供がなぜなぜ、何々を連発するように。

8-5 Update（アップデート）

　とにかく今日のことは今日まとめて、チームで現状を正しく明確に共有するやり方のこと。先送りにすると、情報は曖昧なものに変わる危険をはらんでいる。

■解説

　僕にも経験がありますが、同じメンバーで仕事をしていると、ま、明日にして一杯いこうよ、といって今日の確認を先送りにすることがあります。この最大の欠点は、メンバー1人1人の記憶が曖昧になり、そこにじぶんなりの解釈が入ってしまってバラバラの認識になってしまうこと。時間が経つにつれこのギャップが大きくなり、しまいにはとんでもないことになったこともあります。ガイジンは、

毎日何が起こるかわからないという危機感が染み付いていて、口うるさいほどUpdateを要求します。1秒1秒を確認しているといっても大げさではありません。でもこれがチームをまちがいなく同じ方向に向かわせるコツなのでしょう。

[**英文例**]

"Make sure you update the team on the progress."
アップデートはきちんとやってください

"Is tomorrow OK?"
明日でいいですか？

"No, by the end of today. Otherwise there could be misunderstanding on the status among team members."
いいえ、今日中に。そうしないと、チーム内での現状把握にばらつきがでてしまいます

■コミュニケーションの処方箋

チーム内に必ず世話焼きタイプをいれておきましょう。

こうすればみんなを集める、みんなにメールする、を誰か任せにしなくても大丈夫になります。飲み会だって、宴会部長がいなければスムースにチームはまとまらないでしょう、必須です、コミュニケーションのオバサン。

8-6 Non-negotiable（ノン・ネゴーシャブル）

　これを上司から言われたら、ジタバタせず顔色を変えず、実行あるのみと決断せざるを得ない最後の切り札のこと。当然、交渉、話し合いの余地はない。

■解説

　僕はこう言われたのが1度だけあります。すでにガイジンキラーを発揮していましたから、しつこく食い下がりました。ダイヤモンドのCMの仕事でしたが、グローバルで共通して使っているCMを使えという本部の命令。それでも、日本オリジナルのCMコンテをつくって比較調査をしたところ、日本のものの方が結果がよかったのです。どう考えてもひきさがる理由は見当たりませんでした。ガイジン上司もそれはわかっていました。それでもグローバルなクライアントの宿命。これは、Non-negotiable

だ。この中で、ベストを尽くしてくれ、言われたのはこれだけでした。もちろん、納得はできませんでしたが、やるしかない。やるなら、75点はとらねば、そういう気持ちに支えられて制作しました。これから学んだのは、仕事とは条件のあるもの、当たり前ですが、その条件を1つの要素として考えれば、道は開ける、でした。

[**英文例**]

"Is there any way to solve the problem?"
　何か解決策はないでしょうか？
"It's non-negotiable. Get going now."
　もう話し合いの余地はない、すぐにとりかかりなさい

■コミュニケーションの処方箋

　了解しました。とにかく受け入れることから始める。そして、アタマをきりかえる。その中で面白いことはできるか、顔は笑っているか。そういう余裕ができれば大丈夫。後がないのではなく、うしろには壁がある。

Vision ⑨ビジョンの法則

ゴールが見えれば、道は見える

　僕にも大局的にものを見る、習慣、クセ、考えはほとんどありませんでした。安定した島国日本人の特性でもあるのでしょうが、何をするにも気になるのがディテール。細部がきっちりしていないと落ち着かないし、部分の積み上げで物事は決まる、と無意識に思っていたのでしょう。

　年の初めのある日、ガイジン上司はひどくいらいらしていました。

　"どうしたんですか、年の初めから？"

　"いったいこのブランドの戦略はどうなっているんだ、

バラバラじゃないか！"

　こっちはまだおとそ気分が残っているので、は？　でしたが、あの清涼飲料の話か、くらいは理解できました。

"いやあ、あれですか、去年は8本もCM作ったし、そのうち1本は賞までとったじゃないですか？　それが何か？"

"さっき去年のレビューをしてもらったんだが、まるでバラバラだ。最後から商品をとったら8本がそれぞれ別のブランドのCMでも成り立つ"

"それはクライアントからの要望だし、1つずつは良くできてるじゃないですか。タレントありアニメありプロモーションありで、アニメの奴なんか、劇画タッチいいでしょう、なかなかのできですよ"

"そんなディテールの話じゃない。それではブランドは育たないということだ"

"あのときは、たしか売り上げが目標を超えたはずですが"

"だったら、次から次へと新商品を出していくしかなくなってしまう"

"でも、それが日本市場の特徴だし、何が悪いのかわかりません"

"もし、ブランドが人間だとしたら、どうだ。短命でいい

のか、違うだろう"

"ブランドは商品だし、売れなかったら終わりでしょう"

"でも、人間だったら、どんな人に育って欲しいか、どんな風にみんなから思ってほしいか、考えるだろう。それがビジョン。ブランドにだって、ビジョンは大切なんだ"

そういわれて、じぶんの子供のことが真っ先にアタマに浮かびました。こんな人間に育ってほしい、いつも言っていました。

その後、去年の結果を調べてみると、いい時もあるけど、悪い時もある。そのときのCM次第で、最終的にはあんなにCMを流したにもかかわらず、ブランドのイメージがほとんど残っていない。つまり何のビジョンもみえていない。愕然でしたね。

俯瞰してモノを見ることの少ない僕にとっては、全体図をまず見る、というのはちょっとカルチャーショック。クリエーターという特質なのかもしれませんが、ちょっと職人気質になりすぎていたようです。実はそういう仕事をしている人ほど陥りやすい罠。ディテールの魔力に取り付かれると、いくら力説しても、違う視点を持っている人とは話がかみ合いません。ビジョンは何だろう？ そのことばがしばらくアタマから離れませんでした。

このビジョン。仕事のことでいえば、社長の考えるこ

とだし、人生で言えば、目標。そう思っている人が多いでしょう。僕もそうでした。でも、それが落とし穴、固定観念。どんな仕事や、役割にも全体図はある。それをいつも俯瞰して見ていれば、話をしていてもお互いのズレにも気づきやすいし、目標が共有しやすい。そうすれば、気がついたときには大きくかけ離れていた、ということもなくなります。コミュニケーションひとつをとってみても、ビジョンはとても大事なものだったのです。むずかしいけれど、チャレンジ。いつもアタマのどこかに置くように心がけましょう。

9-1 Goal (ゴール)

"結果は後からついてくる"やり方と正反対に、最後に到達する目標をはっきりイメージして、それに向かって突き進む信念のこと。ゴールを描けない人は迷うだけである。

■解説

社員全員に"あなたの目標は何？"というメールが飛び込んできたことがあります。いろんな答えがありまし

た。売り上げを20％伸ばす、競合に勝つ、広告賞をとる、じぶんの能力アップ、長い休暇をとる、夢の実現、昇進などなど。漠然とした答えもあれば、具体的なものもある。しかしその後に続いた質問"そのために何をする？"には、ほとんどが一生懸命にやる、でした。そのときのガイジン社長はこれを見て、ここが問題だ、と即答しました。

"Goalとは、単なる結果ではない。行き着きたいゴールをイメージし、そこに至る道筋を持つことなんだ"

宝島の地図のように、お宝の場所とそこに通じる道を地図でも描くようにプランしろ、こう言っているのでした。このシミュレーションが大事で、それさえできていれば、ボスはOKをだす。そのことに気づきました。

[英文例]

"The goal in your plan is ambiguous."
君のプランはゴールがあいまいだね
"What should I do?"
どうすればいいでしょう？
"Make it clear. That will make the process productive."

まず、明快にしなさい、そうすればプロセスも効率的になるはずだ

■コミュニケーションの処方箋

テープの逆回しです。ゴールのほうから逆にいまへ戻っていく。これなら、わかりやすいし、できそうでしょう。ゴール作りはこの極意。これだと、他人への説明もラクだし、聞いているほうもドキドキ。コミュニケーションの達人には秘密があるのです。

9-2 Big picture (ビッグ・ピクチャー)

100枚の企画書を書くことをやめ、1枚の写真で企画のすべてを見せようとする姿勢のこと。わかりやすいので、ビジョンが共有しやすい。

■解説

もともとビジョンという言葉は、視覚視野という意味ですから、"見る"と考えたほうがわかりやすいかもしれません。企画書を書くとなると、観念的になるかディテー

ルに走るか。そうなるとチーム内にもクライアントにもわかりにくくなってしまいます。ガイジンからこの方法を聞いたときは、難しいなと思いましたが、やっているうちに、いつもと違って脳の右側を使っている感覚がありました。直感。これのいい点は、目標ががんじがらめにならなくてすむので、大きなところでみんなと共有しやすいこと。それと、目標への道のりがいくつも見えやすいことです。トライしてみてください。

[英文例]

"Before starting the project, let us confirm the goal."
仕事をする前に、全員でゴールを確認しよう
"What do we need?"
何か必要なものは？
"We need to look at the big picture."
ビッグ・ピクチャーさ

■コミュニケーションの処方箋

目を瞑って、ビジョンを思い描いてください。そのビジ

ョンはどんな所でどんな色をしていてどんな人がいるのか。それからそれを絵にしてみる。絵が描けなかったら雑誌などで写真を探す。それを切り取って紙に貼ってみてください。ピタッときていなかったら、言葉を補足してください、ただし1行だけ。こうやってBig pictureをもってから話すと相手にじぶんのビジョンが伝わりやすくなります。

9-3 Consistency (コンシステンシー)

変化をたのしむ日本人の苦手とする、石の上にも3年。飽きがこようが、マンネリといわれようと、いちど決めたことをずっとやり通す強い意志を持つ態度のこと。

■解説

赴任したてのガイジンにとってのカルチャーギャップのひとつがこれ。かならず、なんでそんなに変えるんだ！怒鳴り声のひとつくらいは聞かれます。四季の国の僕らとしては、変化をたのしむという価値観のうえで生活しているので、仕事もおなじ。長い時間と戦いの中で強固な文化を作り上げてきた西欧とでは違うのが当たり

前です。でも冷静に考えてみれば、日本には古い建造物は少ないし、長寿商品もまれ。気がつけば、長く身近にあるものは、コカコーラやマクドナルドなどの海外ブランド。それらは間違いなく時間をかけて日本に定着するというゴールを達成しています。ガイジンは経験上、明確なゴールさえあれば、それに向かって持続することができると知っているのでしょう、たとえおなじことの繰り返しだろうと。

[英文例]

"What is the key point for success in the launch of this product?"
この商品発売にあたって、何が成功の鍵ですか？
"It is consistency in maintaining the same message."
おなじメッセージを根気良く送り続けることでしょう

■コミュニケーションの処方箋

習い事、スポーツをやったことがある人ならピンとくるでしょう。くる日もくる日も、おなじことの連続。ほとんどが

いやになって挫折。イチローもいっています、"成功のためには、小さなことの毎日の積み重ねしかない"。おなじことを念仏のように唱える人でも、一度認められると、それが美徳となるように。

9-4 Long-term (ロング・ターム)

めまぐるしい変化への対応とは別に、5年後10年後を見据えた、千里眼的大局観を持つ態度のこと。小さな変化は所詮手のひらの上のことがわかる。

■解説

"変化の激しい時代だからこそ、そういう日本という国だからこそ、長期戦略は意味があるんじゃないか"
　あるアイスクリーム・メーカーの本部のボスでした。
"たしかに毎月の売り上げは大事だけれど、そればかり気にしていたら、10年後のこのブランドはどうなっていると思う？"
"10年後にこのブランドが日本人の心の中にちゃんと棲んでるだろうか、それとも違うブランド？"
　子供だって個性を持つまでに時間はかかる。そのた

めにちゃんとしたビジョンを持った長期戦略が必要なんだな、と思い、なぜだか徳川家康を思い浮かべていました。鳴かぬなら鳴くまで待とうホトトギス。だから、世界でも類を見ない250年という戦争のない時代を作ることができたんだ。Long-term、実はすごい戦略かもしれません。

[英文例]

"What is going wrong?"
なんでうまくいかないんだろう？
"We have changed the execution of the project every half-year. So, it has lost its original idea."
半年ごとに企画を変えているからじゃないかな。それじゃ本来の意図が伝わらないよ
"This is where our consistency is needed most."
ここは我慢しておなじことを続けよう

■コミュニケーションの処方箋

会議をしていて、ずっと黙ってた人が最後にぽつんとひと言だけいう。すごい効果があることがあるでしょう。

ディテールを全部超越して、核心に迫る。ずっと先まで見通していると思わせる、あれがポイントかもしれません。いちど長い目で見る練習、してみましょう。

9-5 Stay on course (ステイ・オン・コース)

会議をしていて、わき道にそれたとき、行くべき道に修正する能力のこと。相手に反応しているだけでは、これはできない。

■解説

時間のないときは、これがいちばん大事と教わりました。急いでいるときほど、わき道に外れる可能性が高い。こんなときガイジンはしつこいほど確認してきます。今、何をしている、どこまで進んでいるかと。宝島に向かうとき、航海図を念入りにチェックする、あの感じです。だから道筋から外れていれば、すぐに修正可能。プロジェクトだけでなく、1回の会議においてもこれは有効でした。誰かがしっかりゴールを見据えていれば、ロスのないコースをたどることができます。

[英文例]

"Your team always staggers and cannot set objectives."
君たちのチームは、毎回ふらふらして目標が定まらない
"How can we fix the situation?"
どうすればいいでしょう
"You have to stay on course."
いつもじぶんたちの道筋を見極めていないと

■コミュニケーションの処方箋

迷路遊びをしたことがある人なら察しがつくでしょう。闇雲に早く走っても駄目。太陽などの指針をもっていてそれにしたがって進む。あれです。わからなかったら、聞いたってかまわないんです。これが身につくと、会話を修正できる人。一目おかれますよ。

9-6 Holistic (ホリスティック)

部分を直すのではなく、全体を直す考え方を積極的に持つ姿勢のこと。バランスがとりやすくなるので、仕

事全体でビジョンを達成しやすい。

■解説

　これは東洋医学が西洋に与えたひとつ。病気を治すとき、悪いところを切除するのが西洋だとしたら、全体を修正することで悪いところを直していくのが東洋です。このHolisticという概念を仕事に応用したガイジンはすごい。不況で、会社の構造、ビジネスの構造にガタがきているとき、問題解決のためには、部分修正ではなく、全体のバランスをとることが大事なことに気づいたのですから。それもこれも、明確なゴールを持ち、ビジョンをしっかり持っているから、全体を俯瞰してみよう、と思えるのでしょう。逆輸入、それも時代です。

[英文例]

"What do you think we should do to improve the company performance?"
　会社の業績をあげるにはどうすればいい？
"I think we need to solve the problems."
　問題を解決しなきゃ

"I don't think fixing just part of the problem is enough. We should have more holistic perspective."

部分的な解決だけじゃ不十分だ、もっと全体を見て変えていかなきゃ

■コミュニケーションの処方箋

　隣のチームのことは良く見えるのに、じぶんのチームでは木を見て森を見ず。思い当たりませんか。問題のディテールばかり見ていると、実はその原因は違うところにあることに気づきません。問題を360度の角度でチェックしてみれば、問題の本質がわかってきます。引いてみる、全体で見る、コミュニケーションのつぼですね。

Team
⑩ チームの法則

1人でできることには限りがある

　チーム力。体力的に劣っている日本人が団結して欧米に勝つ。これこそは日本人のお家芸と僕もずっと思ってきました。ところが21世紀に入りだした頃から、ガイジンのトップはこれをしきりに言い始めました。ニューズウィークの記事にこんなことが載っていたのを覚えています。

　いま最も必要とされるリーダーは、異文化のチームを引っ張っていける人材だ、MBAや知識は、リーダーへの入場券にすぎない。重要なのは、異文化を理解し、いろんなタイプのスタッフをやる気にさせ、自主性を重んじ、成功した暁には、じぶんのことのように喜べる、そ

んな気質だ。異文化時代を感じていた僕は、こころが熱くなるのを感じてしまいました。それからです。チームの力をいつも考え始めたのは。

　その頃、ある生命保険会社の競合プレゼンがありました。中規模だったとはいえ、たった5人のチームでやることになりました。戦略マーケティングとしてガイジンが1人、あとは日本人です。終盤にさしかかった頃、社長レビューがありました。

"なんだこれは、つまらない。もっとビッグアイディアをだせ！"

　といって帰り、あすからの土日、ホテルをとってかんづめでやることになりました。

　しかし、土曜も日曜も社長は現れません。なにせプレゼンは火曜日。みんなあせりの色が見え始めました。そのとき、戦略のガイジンが、

"こうなったら、俺たちだけでやろう。このカテゴリーは消費者の気持ちが重要だから、君はそれを調べて、それから君は媒体、君は俺と一緒にアイディアを考えよう。でも5人しかいないから、じぶんの役割だけでなく、思いついたらなんでも言い合うようにしよう"

　いままではガイジンのわりに控えめだった彼がリーダーシップをとったのです。しかも、押しつけるだけでな

くみんなのやる気を出させたのです。

　そのときあの記事のことを思い出していました。ガイジンもなにもない、チームがひとつになっている。みんなほんとうに目がうれしそうでした。

　作業が終わったのが当日午前7時。本番は9時スタート。薄氷を踏む思いでしたが、満足度は100％でした、全員。結果はなんとその日の午後に伝えられました。僕は帰宅して寝ていたので、その吉報は聞くことができませんでした。

　この経験はまさにチームをどうすれば、5の力が10になるかを教えてくれました。一人でできることには限りがあるけれど、チームになったとたん、無限の力が生まれる。異質なもの同士のぶつかりあいが、新たな可能性をつくりだす。

　そのためにどうするか。答えはひとつしかありません。コミュニケーション。ガイジン＋日本人のチーム力。それだけに限らず、違った意見を持った人同士のチーム力。なんだか、ワクワクするほど、大きな潜在力を感じています。

10-1 | Team dynamics (チーム・ダイナミクス)

1人より2人、2人より5人が本気でアイディアを出し

合えば、それ以上の力が生み出されると信じる姿勢のこと。個人の能力も同時に開発される。

■解説

　第1回WBCの王ジャパンを見た人には説明はいりません。感動しました。チームとは、みんなで集まればなんとかいく、というものではありません。メンバーひとりひとりが、ひとつの目標に向かって、じぶんの役割を100％発揮する、それによって、9人の力が何倍にもなる。まさにチームがダイナミックになることなのです。僕が感じたのは、ガイジンの得意な個人主義と日本人の十八番の組織主義、この融合です。これこそが、ほんとうのグローバル。チームでやることによって、1人でできないことができそうになる、素晴らしい時代です。

[英文例]

"Each individual seems ordinary to me."
　ひとりひとりは平凡に見えますが
"But 10 people getting together will bring a potential force more than 10 times greater."

でも、10人集まれば10倍以上のパワーになるよ

"That is team dynamics."

それが、チーム力なんですね

■コミュニケーションの処方箋

チームに入ったら、まず本音で話す。駆け引き、かっこつけ、批判しあいは、ただの烏合(うごう)の衆になってしまいます。相手の話にどんどん乗って盛り上がる、そんな素直な人、裸の人がいい。

10-2 Take the initiative (テーク・ザ・イニシャティブ)

チーム内の誰でもいいので、チームの力を100％発揮させるために、みんなのまわりを明るく動き回ること。チームに火をつけたら勝ち。

■解説

どこの国に仕事で行っても感じたことですが、みんなリーダーシップをとりたがる。タイトルなんか関係ありません。じぶんの役割以外のことでも、どんどん意見を言

ってきます。会議をすると、主導権の握り合いです。それでも最後はしっかりチームの目標は共有されるし、やる気も感じられます。僕はリーダーシップが得意ではなかったので、正直圧倒されました。でもなんかすごいし、これなら、達成されそうだと確信しました。ひとりひとりが率先してじぶんの役割を行う。それがtake the initiative。10人がそれをすれば、当然チームはすごいことになるはずです。

[英文例]

"Who wants to take the initiative?"
誰か率先してやる人は？

"I do."
私がやります

"Try and solve such the deadlock through your initiative."
あなたのリーダーシップでこの膠着状態を切り抜けてください

■コミュニケーションの処方箋

役者は一度やったらやめられない、といいます。その気分です。それがコミュニケーションの術。じぶんの好きな誰かになったつもりで演技してみましょう。たとえばクリントン元アメリカ大統領。思い切った、リーダーシップがとれるかもしれませんよ。

10-3 Flame keeper (フレーム・キーパー)

チームの中にいて、仕事がどんどん前に進んでいくように、チームみんなの心に火を燃やし続ける人のこと。炎が大きければ大きいほどチームの力は強くなる。

■解説

僕もはじめての言葉だったので、リーダーやキャプテンとどう違うのかわかりませんでした。でもいまなら、はっきりしています。第1回WBCのイチローです。チームみんなの精神的支柱。技術的なこと云々ではなく、チームメンバーひとりひとりのやる気に、団結心に火をつける人。イチローは声で、動きで、そして背中でみんなに

それを示していました。イチローは明確なゴールをしっかり視野に入れていたので、迷ったときはここに集まればいい、そう思わせていました。僕のガイジンボスは知っていたのです。目標を達成するには、チームのやる気をいかに持続させるか。ガイジン、日本人、関係なく火を燃やすことは、いまやグローバルに必要なことになりました。

[英文例]

"Who is the flame keeper of this team?"
このチームのフレーム・キーパーは誰ですか?
"Nobody."
決めてません
"A lack of someone like that will make the pace of progress sluggish."
決めておかないと、仕事のスピードが落ちますよ

■コミュニケーションの処方箋

火を扱う人、たとえば花火師を想像してください。冷静でいながら大胆。最後に大きな花を咲かせるイメー

ジを持ちながら、危険なことをいとも簡単にやってしまう。まさに情熱と冷静の間に、ですね。これができれば、チームのみんなは集まってきます。コミュニケーターの柱のもとに。

10-4 Collaboration（コラボレーション）

気の合う仲間同士ばかりで徒党を組むことをやめ、積極的に嫌いな人、苦手な人、意見の合わない人と一緒にチームを作ろうとする姿勢のこと。

■解説

僕もそう思っていました。相性の合う奴と組んだほうが仕事はうまくいく、と。でもこれには思わぬ落とし穴がありました。順調なときはスイスイ仕事がはかどってツーカーのよさを再認識しましたが、いざ、壁にぶつかるとニッチモサッチモいかなくなる。これはひとつの価値観だけで仕事をしているから。一方、いろんなタイプの人がチームにいると、はじめはやりにくいけれど、いろんな発想、アイディアが生まれてきやすくなる。これがほんとのコラボ。異業種間の交流が盛んになってきたのも当

然の流れかもしれません。異分子をとりいれる、ほかの部署から人を集めてくる。これこそが、あたらしい刺激への第1歩です。

[**英文例**]

"Inter-industry collaboration seems to be flowering these days."
近頃は、異業種間のコラボが盛んですね
"How about inter-section collaboration?"
社内の部門間のコラボはどうなんでしょうか？
"I think that is a more meaningful challenge."
それは、もっと意義深いかもしれない

■**コミュニケーションの処方箋**

まず、じぶんの肩書き、職種の意識を捨てましょう。そうすれば、ぜんぜん知らない相手の意見もちゃんと聞けるようになる。それができれば、相手もこっちの話を聞く。これが、チームの力を向上させるコミュニケーションです。コラボにはチームの力を何倍にもする可能性があります。

10-5 | Workshop (ワークショップ)

　すべての参加者が同級生のようになって、アタマをつきあわせて話し合ったり、からだを動かしながら答えを導き出そうとする、体験型会議のこと。これをやったあと、チームが機能しだす。

■解説

　このスタイルの会議のすごさを知ったことがあります。その会社の社長も参加している会議でのこと。このスタイルに慣れていないのと、社長まで参加しているので、誰も本音は言えず、優等生的発言が目立ちました。その雰囲気を感じた社長が語り始めました。
　"今日は、私は社長でもないし、みんなも部下じゃない。そんな気持ちでこの会議をたのしみにしていたんだ。でも、どうもそう思ってないようだ。だったらこうしよう、みんなじぶんの名前を忘れてニックネームをつけよう。まず私は、ジョン・レノン、好きなんだ。じゃ、みんなも"
　たったこれだけのことで、場のムードは一変。小学校のクラスのように、うるさくなりました。みんなしゃべりだす、笑い出す。そのうちひとりが本題にとりかかりました。こ

の会社のビジョンをみんなで形にしてみよう。それから、そこら中にあるものを使って、不思議な形ができあがりました。それをまたみんなで、ワイワイ。終いには掛け声まで出て、会社のビジョンが見事に出来上がりました。

　これは社長が押しつけたものでもなく、みんなで作ったビジョン。そういう気持ちがみんなの中に生まれたのだと思います。社長自身がいちばん驚いていました。ワークショップがすごいチームをつくりあげたのです。

[英文例]

"What is the benefit of the workshop?"
　ワークショップのいいところは何でしょうか？
"Benefits lie not only in bringing satisfactory results, but also in development of a sense of unity as a team."
　単に納得のいく結論がでるだけじゃない、終わったあとのチーム意識が高まることだ

■コミュニケーションの処方箋

　子供になることです。あの頃は、何をやるにしても、

からだ全部をつかったでしょう。一心不乱。五感をフル稼働させていたはずです。日ごろ使ってない脳を使って、ぶつけあうコミュニケーション。終わったら仲間意識が強くなるのも当然ですよね。

10-6 Do it now（ドゥ・イット・ナウ）

"思い立ったが吉日"とにかくチームでこれだ！と思ったら、アレコレ結果を考える前に行動に移す瞬発力のこと。チームの力が証明される。

■解説

　僕が日本人にイライラさせられるのが、コンセンサス、慎重、前例主義。何度、大魚を逃したことか。チームの弱点はこれらに支配されたときです。一度こうなってしまうと、みんな心配性になって、チーム内も疑心暗鬼に陥ります。そんなときは、これに限ります。ガイジンは待ってくれません。明日が見える人はいないのですから、これだ！ とココロの声が言ったら、即座に行動に移す。今すぐ、明日までに、と。やってみれば欠点も発見できるし、うまくいったときは、チームみんなの力がさらに強く

なります。

[英文例]

"Do it now. What are you waiting for?"
今すぐ実行しなさい、何をためらっているんですか？
"I don't have confidence."
どうも、自信がもてないんですが
"Nobody does. But you will miss the opportunity if you wait."
誰だってそうさ、ぐずぐずしてると、チャンスを逃すよ

■コミュニケーションの処方箋

マンネリと失敗、さあ、どっちを選びますか。マンネリからはなにも生まれない、変わらない。失敗からはたくさんのことがわかる。答えは出ています。迷う前に走り出しましょう、仲間と一緒なんだし。いまやろう、これ、コミュニケーションの上手な人の得意技でした。

Creative

⑪ クリエイティブの法則

違う視点から見れば景色は変わる

　僕はクリエーターをしていることもあり、逆にクリエイティブについて考えることはありませんでした。灯台下暗し、です。なので、その本質に気づいてからは、クリエイティブこそが、みんなが生きることに深く関係している、しかもみんなと、楽しく面白くそして意義深く、そう強く考えるようになりました。

　JWTグループの本部のトップ・クリエイティブ・ディレクターが来日して、セミナーを開いたことがありました。講演そのものも、あっという間に時間が経ち楽しく終わりました。それでも、じぶんを劇的に変えるものはなか

ったと思います。その夜の、懇親会のことです。
　"君の作品はなかなかユニークなものが多いね、どんなことを気にしてクリエイティブをつくっているんだ？"
　"もちろん、人がやったことのないもの、ですね。クリエイティブとしては当然でしょう"
　"じゃあ、クリエイティブというのは、人がつくったことのないものを生み出すことなのか？"
　"クリエーターは特別な人種ですから、普通の人と違う才能をもっています"
　"普通の人と違うか、すごいね、どう違うか教えて欲しいね"
　"僕らはいろんなことを考えて、アイディアを生み出すことができる"
　"普通の人は何も考えないのかい？"
　"そんなことはないけど、僕らとは次元が違う。だいたい、クライアントがクリエイティブに文句をつけるなんて、おかしいと思いませんか？ クリエイティブのことわかってもいないのに"
　"そうかな、クリエイティブってなんのためにつくってるんだ、そもそも？"
　"え、商品やブランドを広く世の中に知らしめるためじゃないですか"

"そうだよね。だとしたら、君のつくったクリエイティブを見るのは、普通の人たちだ。その人たちに伝える仕事をしているんじゃないかな、クリエイティブは"

"それはそうですが、カンヌで賞をとるようなものをつくらないと意味ないでしょう"

"それは素敵なことだが、いままでやった仕事で、多くの人の記憶に残ったものはどんなものだ？"

"いちばんはやっぱり英会話学校のCMかな。下手くそなジャパニーズ・イングリッシュを楽しそうにしゃべる中年サラリーマンを描いたものですが。Oh, you've dropped a handkerchief、なんちゃって。子供が真似してましたよ"

ちょっと自慢げになった僕にパンチがズドン。

"なんで気がつかないんだ。それだよ"

"はあ？"

"たいていは英語の上手な人を登場させて、絵に描いたようなCMをつくる。でも、君は反対のことをした。発音なんか下手でも英語は通じる、楽しい。その発想の転換、つまり別な角度からものを見たんだ。だから、そのCMを見た人は固定観念を逆からいわれたので、これなら私も、と思ったはずだ。それが記憶に残させた最大の理由だと思うよ。すごいじゃないか"

褒められているので、悪い気はしませんでしたが、思いもつかないことをいわれて、アタマが飛びました。

　"クリエイティブはなにも変なことをすることじゃない。常識とか既成概念とかから離れてモノを見ることだと私は思う。そうすれば、辛いことが楽しく見えてきたり、つまらないことがエキサイティングになってきたりする"

　"ひょっとして僕は、クリエイティブという高慢な塔の中に閉じこもっていたということですか？"

　"特殊な仕事をしている人ほどその罠に陥りやすい。ものの見方を変えるのなら、誰でもできるはずだし、そうできていないのは何か社会的なものにとらわれているからだろう。そういう考えでクリエイティブをつくれば、みんなに強く伝わる方法もみつかりやすい"

　ものの見方、偏見、常識、みんなのクリエイティブ、いろんなことがアタマをめぐっていました。

　クリエイティブは特別な想像力ではなく、誰もが日常の生活で、仕事でちょっと角度を変えてみるだけで手に入れられるもの。この発見はその後の僕の生き方にまで影響を与えました。生き方、あり方、話し方。すべてを楽しく変える、クリエイティブ。

　これは、本当に本当です。思い出してみてください、話の弾んだ会話。相手の言っていることに反応しなが

ら、思いもしなかった方向へ、話が進んでいたでしょう。それはクリエイティブなアタマを働かせていたからです。だから楽しい。クリエイティブがコミュニケーションを豊かにしていたのです。いや、コミュニケーションそのものが、クリエイティブなのかもしれません。

　クリエイティブ。あなたにもたくさんあると信じてほしい、そう願っています。

11-1 | **Free from**（フリー・フロム）

　たとえ会社や組織に属していても、独立した個人事業主やフリーランサーのように、いつでもじぶんらしい自由な気分でいる、という心構えのこと。

■解説

　僕自身もなかなか直らないのが、初めて人に会うときのこと。つい、JWTの関橋です、とかクリエイティブ・ディレクターの関橋です、と言ってしまいます。いまの社会は帰属意識なくしては生きられないかのようです。でも、ガイジンはまずほとんどファーストネームをいう。会社の誰それでもなく、職種の誰それでもない。私は私。うら

やましいかぎりですが、この世の中に囚われていないという意識こそが、クリエイティブの第1歩なのです。会社、職業、地位、これらがクリエイティブの心を縛っています。こうしなければ、ああせざるを得ない、こうした精神的重圧が自由な視点を奪っていると思います。すべてのものから自由、それがクリエイティブ。そう思っていれば、ガイジンだろうと、社長だろうと対等に話ができるはずです。

[英文例]

"He never cracks under pressure from the boss."
彼はどんなにボスからプレッシャーをかけられても動じない

"I don't know why?"
どうしてかね

"It must be because he is always free from fixed ideas and believes himself."
いつでも、じぶんはじぶん、と何事にもとらわれていないからじゃないか

■コミュニケーションの処方箋

　子供のときは、名前は?と聞かれたらほとんど、苗字か名前だけを言っていたはずです。あのころは囚われるものが少なかったのでしょう。いちどに全部はむずかしいので、できることから。常識にすごくこだわっているなら、それから。たまには非常識、頑なコミュニケーションから解放されますよ。

11-2 | Perspective (パースペクティブ)

　子供のような視点で、膠着した仕事を見ることによって、停滞した仕事を動かす力を得る姿勢のこと。

■解説

　ほんとうに常識という魔物はからだに染み付いています。ガイジンと議論になると知らずに出ているのが、日本は違う。言ってしまってから、まずい、と思っても後の祭り、ということが何度もありました。心理学の講座を受けたときのことです。いま座っている椅子にじぶんを置いてきて、いろんな角度から眺めてみるというカウンセ

リングの一種。いまのじぶんを違うじぶんが見ている、という仮想の体験です。こうすると不思議なことにいまのじぶんが囚われていることが見えてきました。ああ、これか、ガイジンのよくいうPerspectiveか、とはじめて腑に落ちたのを覚えています。アタマでは理解できてましたが、からだで体験してわかったのです。ほんとうに角度を変える、それがじぶんの囚われを解放してくれます。

[英文例]

"Our team has come to a deadlock."
チームはデッドロックに陥った
"How can we solve it?"
どうしよう？
"We need a new member who can bring a new perspective."
誰か、違った視点からものが見られる人が必要だ

■コミュニケーションの処方箋

1本の桜の木があるとします。普通は見上げる。こんどは、犬になって地べたから、鳥になって真上から、植

木屋になってはしごをかけて真横から。桜はぜんぶ違うものに見えるはずです。この感覚をアタマのなかでできるようになれば、クリエイティブなコミュニケーションはおてのもの、です。

11-3 | Twist of lemon (ツイスト・オブ・レモン)

剛球一直線を男らしくてカッコいいと思うことをやめ、ちょっとしたオチやひねりを楽しいと思う態度のこと。仕事でも日常でも人気者になる。

■解説

最初に聞いたときは、レモンを絞る? でしたが、聞いてみると、ああ、ひねりを加えるだな、と理解できました。なかなかしゃれたフレーズなので、ちょっとお気に入りです。レモンを絞ると、エッセンスがでてくる、そのエッセンスはなんにかけても味が締まる。おもしろいですよね、ことば一つにしてもクリエイティブ。紙だってねじればコヨリ。ほんのちょっとひねっただけで、楽しくなるし、なにより心が緩みます。ガイジンや堅物との話し合いだって、たまには変化球で驚かせてやりましょう。

[英文例]

"Please tell me, how to develop ideas."

アイディアはどんな風に考えればいいんですか？

"When you are developing them, it is better present them with a twist of lemon."

ちょっとしたひねりを加えるようにすれば、いいと思うよ

■コミュニケーションの処方箋

　小学校のクラスでいたでしょう、いたずらっ子だけど人気者。毎日手を変え品を変え、いたずらに精を出す。でもそれが、頓知の範囲ならみんなを喜ばせる。たまには会社のいたずらっ子にでもなってみましょう。

11-4 | Adaptation (アダプテーション)

　ガイジンの考えたものが、日本で通用するわけがないと否定せず、どうすれば日本で受けいれられるようになるか、を考えるやわらかい姿勢のこと。

■解説

　ガイジンや外国の企業と仕事をするとかならずこの問題に直面します。本部の企画、やり方などをおしつけてくる。僕の場合は外国でつくったCMをそのまま日本でオンエアしろというものです。当然出ている俳優の好み、ジョークの違い、中には光の違いなんてものまであります。そこでガイジンとの侃々諤々(かんかんがくがく)のやりとり。どこまでいっても、できるだろう、いやあわない、が続き、最後は力で押し切られてしまうことが、たびたびでした。あるダイヤモンドのCMのとき、どうにも映像は変えられなかったので、音声だけを昔のアメリカのテレビドラマのように、みえみえの吹き替えにしてしまいました。これが評判。そうか、やりようによっては、面白い解決方法もあるのか、と考えさせられました。

　できないと思うより、できる方法は？　そうだったんです。家の料理なら、ある素材だけでなんとかうまいものに仕上げる。あれでした。

　もともと日本はオリジナルには弱いけれど、進化させるのは得意、といわれていました。日本語も中国語から漢字、ひらがな、カタカナと3つに変化させた。頑になるより、どんとこい、結構、これが僕らのクリエイティブか

もしれませんね。

[英文例]

"An adaptation of an idea from the USA doesn't work here."

このアメリカのアイディアは日本では通用しません

"You have to understand the core idea in order to make it successful in Japan."

コアのアイディアをちゃんと理解してからでないと、日本では成功しません

■コミュニケーションの処方箋

あるものを、ちょいと変化させる。これ、主婦の知恵に似てませんか。トイレットペーパーの芯を掃除機の先につけて外のごみを吸い取る、使えなくなったストッキングをまるめて腰当にするなどなど。機転ですね。主婦ならできないと思うより、つくろうという意欲のほうが強いはずですから。変化球コミュニケーターといったところですか。

11-5 | Gut feeling （ガット・フィーリング）

　調査など数字的な裏づけを検証した後でも結論が出ないときは、心の声、本能的な勘にしたがうクリエイティブな態度のこと。

■解説

　あるアイスクリーム会社のトップは悩んでいました。じぶんの気に入ったCM企画が調査史上最悪の結果だったのです。しかし、ここまでいろんな可能性を検証もしてきている。最後に言った彼のことばは、GOでした。調査という魔物に惑わされることなく決断したのは、彼の心の声、Gut feelingだったようです。これはいわゆる"エイヤー"のような博打とは違い、本能の声。常識にとらわれない、クリエイティブな心が生み出すものでしょう。ここぞの土俵際で強い人は、きっとクリエイティブの強い人です。
　（ちなみにガットは内臓のこと。ガッツは内臓の複数形、ガッツありそうです。）

[英文例]

"In order to make this project successful, it is essential to shift to a new direction."
この仕事を成功させるには、あたらしい方向へ行くことが肝心だ
"Why do you think so?"
なぜ、そう思うんですか？
"My gut feeling tells me so."
私の心の声が語っている

■コミュニケーションの処方箋

なんにも準備してないときと、十分に準備したとき。どっちのときが、土壇場で馬鹿力がでるか、わかるでしょう。いろんな情報がインプットされていれば、いざというとき、脳細胞がビリビリいってあたらしい経路をつくる。そういわれています。あとは何事にもとらわれない気持ちをもつ。これだけです。

11-6 | Analogy （アナロジー）

あたらしい企画をプレゼンするとき、売り込むとき、わかりやすく伝えるための、事例、たとえ話、比喩、類似したものを示してやる、相手への心づかいのこと。企画を考えるときにも使える。

■解説

　もともと日本人は直截なものいいを嫌う。感情を花にたとえてみたり、虫になぞらえてみたり、と。でも、どこで変わってしまったのか、時代がそうさせているのか、広告の仕事においては直截なものいいが増えているのが現状です。そんな時にガイジンボスがやってきて、それじゃ面白くない、を連発されました。聞いてみると、表現が直接的だし、それでは人のこころがつかめない、そういうことでした。

　ショック。僕は忘れてしまったのか、たとえ話を使ってやさしく伝える技を。おー俳句の国の人なのに。ひさしを貸して母屋を取られたとはこのことだ。そんな思いが駆け巡り、きっと恥ずかしくて顔を赤らめていたと思います。

　それからです、考えるとき、伝えるとき、いろんなたと

え話をつかうようになったのは。そのためには、たくさんのことを知らなければならないので、とても勉強になりました。おかげで、いろんな視点でものを伝えられるようになったと思います。

　サンキュー、ガイジン。

[**英文例**]

"That idea is too straightforward and boring."
　そのアイディアは、ストレートすぎてつまらない
"What do I do?"
　どうすれば、いいですか？
"How about executing it with an analogy?"
　たとえ話などをつかって表現してみたらどうだ

■**コミュニケーションの処方箋**

　せっせと雑学。これしかありません。噺家(はなしか)、司会者、お笑い芸人、キャスター、科学者、なんにでもなったつもりで吸収。そうすれば、いろんな組み合わせもできるし、臨機応変。これこそ、コミュニケーションの達人への道です。

あとがき

"なんで伝わらないんだろう"
"どうも、わかりあえない"
"どうせ、無理に決まってる"
"言うだけ無駄"

　こんな会話が僕のまわりでも、日常茶飯事になっています。コミュニケーションがこんなにも大変なことになるとは、20年前なら考えられませんでした。

　なぜだろう？ 僕なりに考えたことがありました。それが時代のせいなのか、個人の問題なのかはわかりませんが、多分、話すとき、じぶんのエリアから1歩も出ないせいなのではないだろうか。これでは、お互い主張しあうだけ、無視するだけ、理解しないまま、の状態が続いてしまいます。

　そのとき思いついたのが、ガイジンとのコミュニケーションです。これこそ、違うエリア、異質なもの同士のコミュニケーション。そこでは、誤解、批判、無理解が横行しています。

これを通過した僕の経験が、何かのお役に立つのではないだろうか。

　これが出発点でした。もうおわかりの通り、この本は英語を教える本ではまったくありません。ガイジンと話す、つまり、じぶんと違う意見を持った人と話すコミュニケーションの本。

　僕が気づいたのは、コミュニケーションは、単に話し方、話術のような技術の問題ではなく、話すときのスタンス、姿勢、態度、価値観。これらがお互いの理解のベースになっている、ということです。ですから、いつまでも、いつものじぶんのエリアにこだわっていては、相手の話していることがわからない。いつもの"じぶん"から少し離れてコミュニケーションをする。それが答えでした。

　その意味でも、ガイジンとのコミュニケーションは、最も高いハードル。それが理解できれば、どんな人とでもわかりあえる。そう思ったのです。

　いまでも僕は英語の達人ではありません、それどころか下手？　それでもガイジンに通じる。言ってみれば、ヘタウマの英語術。みなさんも必ずできるはず、がんばってください。

　今回、この本を書くにあたって、最高のコーチ役にな

っていただいたのが、阪急コミュニケーションズ（元書籍編集部長）の堀井春比古さん。堀井さんのアドバイスが僕の肩のチカラをすっと抜いてくれました。さすが、コミュニケーションの達人。

　それから、英語の達人でもない僕の英文例をチェックしていただいた、クリエイティブ・トランスレーションの（株）アラヤ社長、中嶌さん、そして永井さん、一海さん、クリス・ロックウッドさん、本当にありがとうございました。

　また、30年にわたり、ガイジンの世界を教えてくれ、僕を切磋琢磨してくれた広告代理店JWTとその現CEOアンバーさんにもサンキュー・ベリー・マッチ。

　最後に、いつも一番の読者で一番の批評家である、我がカミさん、知己に感謝。（ガイジンは必ず家族に感謝する。アカデミーの授賞式のインタビューのように）

　そして、この本が一人でも多くのひとのお役に立つことを願って。

関橋英作（せきはし・えいさく）

グローバル広告代理店JWTで、コピーライターから副社長までを歴任。"Shall We Haagen-Dazs?"シリーズのハーゲンダッツ・アイスクリーム、鈴木さんシリーズの英会話NOVA、受験キャンペーンのKitKat、など多くのブランドを育て、広告賞も多数受賞。現在、クリエイティブ・コンサルタント。MUSBクリエイティブ・ディレクター、日本メンタルヘルス協会公認心理カウンセラー、コーチング135代表、女子美術短期大学非常勤講師。

ある日、ボスがガイジンになったら!?
"英語を習うより、コミュニケーションを学べ"

2006年6月8日　初版発行

著　　者―――関橋英作
発 行 者―――五百井健至
発 行 所―――株式会社阪急コミュニケーションズ
　　　　　〒153-8541　東京都目黒区目黒1丁目24番12号
　　　　　　　電話　販売（03）5436-5721
　　　　　　　　　　編集（03）5436-5735
　　　　　　　振替　00110-4-131334

印刷・製本―――図書印刷株式会社

©Eisaku Sekihashi, 2006
ISBN4-484-06223-2
Printed in Japan
落丁・乱丁本はお取替えいたします。